똑똑한 관계를 맺는 심리학 법칙

똑똑한 관계를 맺는 심리학 법칙

초판 1쇄 인쇄 2021년 1월 22일
초판 1쇄 발행 2021년 1월 29일

지은이 야마모토 마사야 **옮긴이** 나지윤

펴낸이 이상순 **주간** 서인찬 **편집장** 박윤주 **제작이사** 이상광

펴낸곳 (주)도서출판 아름다운사람들
주소 (10881) 경기도 파주시 회동길 103
대표전화 (031) 8074-0082 **팩스** (031) 955-1083
이메일 books777@naver.com **홈페이지** www.book114.kr

생각의 길은 (주)도서출판 아름다운사람들의 교양 브랜드입니다.

ISBN 978-89-6513-636-1 03180

TOP2% NO TENSAI GA TSUKATTEIRU "HITOWO AYATSURU"
SAIKYO NO SHINRIJUTSU
 by Masaya Yamamoto
Copyright ©Masaya Yamamoto, 2019
All rights reserved.
Original Japanese edition published by KAWADE SHOBO SHINSHA Ltd. Publishers
Korean translation copyright ©2021 by Beautiful Peoples
This Korean edition published by arrangement with KAWADE SHOBO SHINSHA Ltd.
Publishers, Tokyo, through HonnoKizuna, Inc., Tokyo, and EntersKorea Co., Ltd.

이 책의 한국어판 저작권은 (주)엔터스코리아를 통해 저작권자와 독점 계약한 생각의길에 있습니다.
저작권법에 의하여 한국 내에서 보호를 받는 저작물이므로 무단전재와 무단복제를 금합니다.

이 도서의 국립중앙도서관 출판예정도서목록(CIP)은 서지정보유통지원시스템 홈페이지(http://seoji.nl.go.kr)와
국가자료종합목록시스템(http://www.nl.go.kr/kolisnet)에서 이용하실 수 있습니다. (CIP제어번호 : CIP2019009352)

파본은 구입하신 서점에서 교환해 드립니다.

똑똑한 관계를 맺는

심리학 법칙

야마모토 마사야 지음

나지윤 옮김

차례

프롤로그 | 똑똑한 심리학은 관계부터 바꾼다 ⋯ 8

제1장

감정을 컨트롤하는 논리 뇌 사용법
| 논리 뇌가 작동하면 우아해진다 |

감정 뇌가 활성화되면 논리 뇌는 쪼그라든다 ⋯ 12

감정을 컨트롤하는 논리 뇌 켜기 ⋯ 15

- 해석 바꾸기 : 리프레이밍
- 이유 묻기 : '왜'라고 물으면 논리 뇌가 작동하기 시작한다
- 자존심 정의하기 : 포미 프라이드와 포유 프라이드

지금, 이 순간에 집중하는 논리 뇌 훈련법 ⋯ 26

- '마인드 원더링' 잡는 명상
- '선호 이유 언어로 표현하기'

제1장 정리 ⋯ 31

제2장

똑똑한 관계의 세 가지 기본 원칙
| 원치 않는 걸 잘해주니까 만만해진다 |

필요할 때 심리학이 먹히지 않는 이유 ⋯ 34

똑똑한 관계의 기본 원칙1 ⋯ 38

똑똑한 관계의 기본 원칙2 ⋯ 46

똑똑한 관계의 기본 원칙3 ⋯ 51

제2장 정리 ⋯ 59

제3장

인간 마음의 작동 원리
| 사람은 이해받을 때 움직인다 |

yes, and 법칙 : 남을 먼저 이해한 뒤 나를 이해시켜라 ⋯ 62

자기투영 : 아이디어 비판은 인격 부정으로 받아들이기 쉽다 ⋯ 67

DTR 기법 : 단번에 사람들의 이목을 집중시키는 방법 ⋯ 71

외부적 설득, 내부적 설득 ⋯ 75

양면제시 : 인간은 장단점을 함께 알려주는 사람을 신뢰한다 ⋯ 79

PNP기법 : 부정적인 정보를 긍정적으로 바꾸는 법 ⋯ 83

손실 회피성 법칙 : 이익보다 손실을 강조하라 ⋯ 86

미국의 유머 이론에서 도출한 10가지 질문 ⋯ 91

상호성의 법칙 : 고급 정보를 얻는 기술 ⋯ 94

단순접촉 효과 : 접촉빈도가 늘어날수록 호감도가 올라간다 ⋯ 98

제3장 정리 ⋯ 102

제4장
상대의 자존감을 높여주는 심리학 법칙
| 높여주면 내편이 된다 |

미러링 : 상대가 나를 신뢰하고 있는지 확인하는 방법 ··· 104

대화의 황금비율은 6:4 ··· 108

말의 속도를 높이면 상대는 더 집중한다 ··· 112

상대의 자존감을 높여주는 대화법 ··· 116

내집단 효과 ··· 120

피그말리온 효과와 조작적 조건화 ··· 125

결과보다 과정을 칭찬해야 하는 이유를 밝힌 실험 ··· 129

유능한 상사가 부하의 자존감을 높이는 방법 ··· 133

팀의 결속력을 높이는 법 ··· 136

제4장 정리 ··· 139

제5장
자기효능감을 높이는 심리학 법칙
| 뇌를 알면 변화가 쉽다 |

거울최면 : 자기효능감을 높이는 법 ··· 142

사회심리학자 에이미 커디가 실시한 자신감에 관한 연구 ··· 145

골디락스 효과 : 가장 효과적인 목표 설정법 ··· 148

포모도로 기술 : 뇌가 좋아하는 보상 ··· 151

새로운 아이디어를 만드는 디폴트 모드 네트워크 ··· 155

스탠퍼드대 마릴리 오페조 교수의 실험 :
혁신은 걷는 도중에 일어난다 ··· ··· ··· ··· 158

카멜레온 효과 : 자신을 바꾸고 싶다면 만나는 사람을 바꿔라 ··· 161

제5장 정리 ··· 166

똑똑한 심리학은 관계부터 바꾼다

나는 2014년에 멘사 시험에 한 번에 합격했다. 내 아이큐는 150 이고 일본의 멘사 회원 중 유일한 심리학 전문가다. 현재는 심리전략 컨설턴트로서 심리학을 주제로 각종 컨설팅과 세미나를 주최하고 있다.

지금까지 50여 곳이 넘는 기업을 대상으로 인재 육성 및 마케팅을 지원하는 업무를 담당했으며 수많은 사람들에게 업무 및 인간관계에 유용한 노하우를 강연해왔다.

내가 정리한 심리학적 접근법을 통해 기업은 거액의 시스템을 도입하지 않고도 사업 안정화에 성공했다. 직원들의 집중력과 생산성이 30% 전후로 상승했기 때문이다. 아울러 개인은 커뮤니케이션 능력이나 일의 성과가 눈에 띄게 향상되었다.

아들러 심리학을 대중에 널리 전파한 베스트셀러 《미움받을 용기》에는 이런 대목이 나온다.

'인간의 모든 고민은 인간관계에서 비롯된다.'

맞다. 그래서 나는 인간이 안고 있는 고민을 풀 열쇠를 심리학에서 찾았다. 심리학은 인간관계를 다루는 학문이니까. 물론 심리학 지식을 많이 안다고 모든 문제가 저절로 해결될 리 없다. 지식을 적절한 상황에 제대로 사용할 줄 아는 지능이 필요하다.

아이큐가 높다고 천재는 아니다. 큰 성과를 창출해낸 사람은 자신이 지닌 지식을 제대로 구사할 지능을 겸비했다. 타인과 소통하는 일도 마찬가지다. 상대와 진심으로 소통하는 것이든, 상대를 원하는 방향으로 움직이고 싶은 것이든 지식과 지능을 모두 갖춰야 한다.

그래서 이 책은 인간의 뇌와 행동, 마음의 작동원리를 이해할 수 있는 심리학 지식을 담았고 또 이 지식을 더 나은 인간관계나 원하는 것을 성취하는데 상황별로 적용할 수 있도록 유용한 지혜를 함께 담았다. 그러나 인간이란 이성보다 감정의 지배를 받는 동물이다. 아무리 높은 지식과 지능을 갖추어도 감정에 휘둘리면 이를 제대로 활용하기 어렵다. 상대를 움직이는 법(외적 심리술)을 배우려면 자신을 다루는 법(내적 심리술)을 먼저 익혀야 하는 이유가 여기에 있다.

이 책의 구성은 다음과 같다.

제1장은 타인과의 소통에서 감정에 휘둘려 관계가 틀어지지 않도록 '자신을 잘 다루는 법'을 논리 뇌를 통해 알려준다. 즉 감정에 휘둘리지 않는 뇌 사용법을 설명한다. 제2장부터 제4장은 타인과의 관계를 원하는 방향으로 풀어내기 위한 심리학을 상황별로 소개한다. 마지막으로 제5장에서는 심리학을 활용해 자신을 바꾸는 기술을 알아본다. 이 책에서 소개하는 심리학의 기본 원칙들만 완벽히 습득한다면 타인과의 관계는 물론이고 자신을 바꾸는 것까지 실생활에서 자유자재로 사용할 수 있을 것이다.

자, 시작해보자.

감정을 컨트롤 하는
논리 뇌 사용법

|

논리 뇌가 작동하면 우아해진다

감정 뇌가 활성화되면
'논리 뇌' 는 쪼그라든다

'인간은 감정의 동물'이다. 이는 지능이나 아이큐와 무관하게 뇌의 구조가 그렇게 이루어진 까닭이다. 인간의 뇌는 '논리 뇌'와 '감정 뇌'로 나뉘는데 뇌는 기본적으로 양쪽이 균형을 이루며 작동한다.

뇌의 영역을 100%라 치자. 어떤 사람이 감정적이 되면 감정 뇌 활동이 활발해진다. 이때 감정 뇌가 뇌 영역의 90%를 차지하면 논리 뇌 영역은 10%로 대폭 줄어든다. 이 사람이 본래 논리 뇌를 50% 사용했다면 어떨까? 논리적인 사고에 필요한 뇌의 영역이 평소보다 40%나 부족해지는 셈이니 똑같은 시간과 노력을 들이더라도 논리적으로 생각하지 못할 공산이 크다. 업무 중 큰 실수를 저질러 초조해지면 웬만해서는 틀리지 않을 일도 틀리는 일이 있다. 평소보다 일을 빨리 처리하려고 서둘러서가 아니다. 논리 뇌가 감정의 제약을 받아 기능이 떨어지는 탓이다.

나 역시 실수를 저지르거나 문제에 휘말리면 상당히 초조해진다. 그러나 뇌의 구조를 알게 된 뒤부터는 달라졌다. 일단 스스로 초조하다는 사실을 인식하면, 마음이 차분해질 때까지 심호흡하면서 감정을 다스린다.

감정은 지능과 아이큐의 천적이다. 제아무리 많은 지식이나 높은 지능을 가졌더라도 감정에 쉽게 휘둘리는 사람은 스스로 지닌 능력을 제대로 활용하기 어렵기 때문이다.

자기감정을 지배하는 '논리 뇌'

서로 도움이 되면서도 다시 만나고 싶은 관계, 건강한 대화를 나누고 서로의 자존감을 올려주는 관계, 긍정적이고 생산적이고 진심이 담긴 관계를 우리 모두 원한다. 그런 관계를 맺기 위해서는 무엇보다 남을 다루는 기술만큼 나를 다루는 기술을 알아야 한다.

자신을 컨트롤 하는 것은 의지만으로 되지 않는다. 우리 뇌의 작동원리를 알면 간단한 방법으로도 격한 감정이나 내게 독이 되는 감정들을 전환할 수 있다. 바로 감정에 휘둘리지 않는 '논리 뇌' 만들기가 그것이다.

논리 뇌 만들기는 감정 뇌 기능을 의식적으로 억제하고 논리 뇌 영역을 충분히 확보해서, 논리적 사고에 근거한 합리적 판단을 내리는 뇌를 만드는 것이다.

요컨대, 논리 뇌 만들기는 논리 뇌를 감정 뇌보다 우위에 두는 방법이다.

우리가 논리 뇌에 주목해야 하는 이유는 감정에 치우치지 않고 합리적 판단을 내릴 수 있다는 점 때문이다. 실제로 '탁월한 경영자 중에는 논리 뇌가 우위에 있는 이들이 많다'는 자료가 있다. 논리 뇌는 무엇보다 비즈니스에 필요한 능력을 발휘하는 데 유리하기 때문이다. 두려움 없이 새로운 일에 도전하거나 궁지에 몰려도 냉정하게 합리적 판단을 내리는 것처럼 말이다. 자기감정을 지배하는 논리 뇌를 만들려면 어떻게 해야 할까? 그 방법을 지금부터 알아볼 것이다.

그런데 논리 뇌를 만들라고 해서 감정에 휘둘리지 않는 상태를 24시간 유지하라는 말은 아니다. 그렇게 되면 아무래도 일상 속 사소한 행복을 놓치기 쉽다. 누군가와 감동을 공유하기 어려워지면 주변인들과도 멀어질 테고 말이다.

고로 논리 뇌는 필요할 때만 작동하는 게 바람직하다. 여기서는 그것을 '논리 뇌 스위치'라고 부르도록 하겠다. 이제부터는 논리 뇌 스위치를 켜는 방법부터 살펴보자.

감정을 컨트롤하는
논리 뇌 켜기

논리 뇌란, 감정 뇌 활동을 억제하고 논리적인 사고에 기초해 합리적으로 판단하게 만드는 뇌를 말한다. 이 상태가 되려면 논리 뇌 활동을 우위에 둘 필요가 있다. 한마디로 논리 뇌 스위치를 켜면 된다.

논리 뇌 스위치를 켜는 법을 알면 합리적인 사고가 필요한 상황에서 감정이 사고력을 방해하는 사태를 미리 방지할 수 있다. 뿐만아니라 자신이 가진 지능을 최대치로 활용해 사고력을 끌어올리는 일도 가능하다.

거듭 강조하지만, 인간의 뇌는 논리 뇌(합리적 판단)와 감정 뇌(감정적 판단)를 동시에 작동시키기 힘들다. 당황하고 조급해지면 냉정한 판단은 고사하고 어리석은 판단을 내리고 마는 것도 이 때문이다.

　미국 오하이오주의 케이스웨스턴리저브대학이 진행한 연구에 따르면, 공감 능력을 주관하는 뇌의 영역(감정 뇌)이 활성화되면 분석 능력을 주관하는 뇌의 영역(논리 뇌)은 활동이 억제됨이 밝혀졌다. 그 반대의 경우도 마찬가지였다. 실제로 논리 뇌 스위치가 켜지면 감정 뇌 활동이 미약해져서 이성적이고 합리적인 판단이 가능해진다.

　본래 인간은 감정을 우선시하는 경향이 있기에 논리 뇌 스위치를 켜는 일이 그리 호락호락하진 않다. 나 또한 숱한 시행착오를 겪은 끝에 요령을 깨달았다. 그것은 바로 '해석 바꾸기, 이유 묻기, 자존심 정의하기'다.

해석 바꾸기: 리프레이밍(reframing)

　엄격하고 까다로운 고객이나 상사에게 꾸지람을 듣는다고 해보자. 인간은 감정에 쉽게 지배를 받는 존재인지라 일단 기분이 상한다. 이유가 합당한지는 차치하고 말이다. 괜히 별것 아닌 꼬투리를 잡아 자신에게 분풀이하는 것만 같다. 이처럼 감정적으로 반응하기 쉬운 상대와 이야기할 때 '해석 바꾸기'는 자신의 감정 뇌를 억제하는 데 효과적이다.

본래 감정이 생기는 구조는 '자극을 받았으니 반응한다'처럼 단순하지 않다. '상대의 꾸지람→나의 짜증'이 아니라는 뜻이다.

생각해보자. 모든 사람이 같은 자극에서 같은 반응을 보이는가? 그렇지 않다. 꾸중을 들으면 '난 역시 구제 불능이다'라고 낙담하며 자신을 비하하는 사람이 있는가 하면, '나에 대한 기대치가 높구나'라고 받아들여 의욕을 활활 불태우는 사람도 있다.

왜 이런 차이가 나타날까? 인간의 감정이 생기는 구조는 '자극→반응'이 아니라 '자극→해석→반응'이기 때문이다.

× 자극→ 반응
○ 자극→ 해석→ 반응

자극을 어떻게 해석하는가에 따라서 반응이 달라진다.

(자극) 꾸중→(해석) '나에 대한 기대치가 높구나'→(반응) 의욕 충전

(자극) 꾸중→(해석) '난 역시 구제 불능이다'→(반응) 자기 비하

이처럼 같은 자극이라도 해석에 따라 반응이 천차만별이다. 대다수는 부정적인 자극에 감정적으로 반응하는 게 자연스럽다고 여긴다. 이러한 인식을 끊어야 감정의 지배를 받아 화를 키우는 악순환을 멈출 수 있다.

해석을 바꾸면 감정을 통제할 수 있다

'해석'이라는 단계를 이해하지 못하면, 감정을 지배하기 위해 자극이나 반응 자체를 없애려고 한다. 그런데 자극은 없애기가 어렵다. 애당초 자극이란 외부에서 생기는 요인이기에 내 능력 밖이라는 소리다. 생각해보라. 불편하다고 그 사람을 피해버린다면? 사적으로는 그럭저럭 가능할지 모르나 직장에서 동료나 상사라면 업무에 상당한 지장이 생길 것이다.

고로 대개는 자극에 대한 반응을 억지로 눌러버리는 쪽을 택한다. 이 또한 바람직한 해결책은 아니다. 화나는 감정을 꾹 눌러버리면 스트레스가 쌓이고 그것이 임계치를 넘은 순간 걷잡을 수 없이 폭발할 수 있으니까.

자극이나 반응을 없애는 건 현실적으로 어렵다. 해석 자체를 바꿔서 부정적인 감정에 지배받지 않도록 자신을 단련하는 게 최선이다.

매번 보고서 속 실수를 꼬치꼬치 지적하며 호통치는 상사가 있다고 해보자. 그럴 때마다 스트레스가 밀려오고 분노가 상승한다면? 자극과 반응은 다음처럼 일어난다.

(자극) 지적→(해석) ?→(반응) 분노

상사에게 지적받는 행위를 자신이 어떻게 해석하는지 곰곰이 생각해보자.

(자극) 지적→(해석) 상사는 나를 미워해서 어떻게든 트집을 잡으려 한다→(반응) 분노

지적을 '나를 미워해서 괴롭히는 행위'로 해석하면 자연스럽게 분노가 생긴다.

이 해석을 다음과 같이 바꾸면 어떨까?

(자극) 지적→(해석) 상사는 업무에 대한 기준이 까다롭다→(반응) 〈존경〉 배울 점이 많은 분이다 〈반성〉 그동안 내 프로의식이 부족했다

상사가 지적할 때마다 그것을 '괴롭힘'으로 해석하면 감정적으로 반응하는 게 당연하다. 하지만 '업무에 대한 기준이 까다롭다, 프로답다'라고 해석한다면? 원망이나 짜증이 아니라 존경이나 반성의 마음이 생겨나 감정적으로 반발하는 일이 줄어든다.

자극이 발생할 때마다 무의식적인 해석에 의존해 감정적으로 반응하지 말고 의식적으로 해석을 바꾸면 눈앞의 현실이 달라진다. 심리학에서는 이것을 '리프레이밍(reframing)'이라고 한다.

평소라면 감정적으로 반응할 상황을 '자극→해석→반응'의

모델로 분석해보라. 감정에 휩쓸리지 않고 상황을 긍정적으로 바꿀 수 있다.

감정이 일어나는 메커니즘을 이해하면 감정적으로 폭발하는 일이 줄어든다. 해석을 바꾸기만 해도 불필요하게 감정 뇌에 휘둘릴 일이 없어지니까.

이유 묻기: '왜'라고 물으면 논리 뇌가 작동하기 시작한다

감정적으로 반응하게 될 상황에서 스스로 이유를 묻는다.

이를테면 당신이 업무에서 실수를 저질러 거래처로부터 클레임이 들어왔다고 해보자.

거래처 A: 어떻게 책임질 겁니까? 납품받은 제품 수가 부족하지 않습니까!

당신: 죄송합니다! '아아, 어떡하지……'

거래처 A: 죄송하다면 답니까?

당신: 죄, 죄송합니다! 제가 다시 한번 확인해보고…… '어떡하지……'

상상만 해도 진땀나는 상황이다. 누구라도 이런 일을 겪으면 머릿속이 멘붕에 빠져 말이 제대로 나오지 않는다.

이럴 때 스스로 '왜?'라는 물음을 던져보라. 합리적 판단을 내리기가 한결 수월해진다.

거래처 B: 어떻게 책임질 겁니까? 납품받은 제품 수가 부족하지
　　　　　않습니까!

당신: 죄송합니다! '왜 이토록 감정적으로 나오지? 혹시 다급한
　　　상황에 몰려 있을지도 몰라.'

거래처 B: 죄송하다면 답니까?

당신: 잠시만요, 현재 물량이라면 며칠 안으로 소진될까요?

거래처 B: 음…… 길어봤자 이틀이겠죠.

(상대도 논리 뇌 스위치가 켜진다.)

당신: '아하, 그래서 초조해졌던 거구나……' 알겠습니다. 일단
　　　은 현재 물량으로 영업해주시고 이틀 안에 부족분을 바로
　　　공급해드리겠습니다.

거래처 B: ……지금 상황에서 그것 말고는 다른 방법이 없으니
　　　　　일단 알겠습니다.

　'왜'라는 물음을 던지고 논리 뇌를 작동시켜 자신 뿐 아니라
상대의 논리 뇌 스위치까지 켜서 서로 감정을 억제한 사례다.

　자칫 감정에 휩쓸리기 쉬운 상황에서 '왜?'라는 물음을 자신
에게 던져라. 질문에 답하고자 논리 뇌가 작동하기 시작하고 긴
장감이나 초조감이 현저히 줄어든다. 상대가 말하는 주제에서

빗나간 질문이라도 괜찮다. 논리 뇌 스위치를 켜는 것이 목적이니까.

일단 '왜?'라는 질문으로 논리 뇌를 가동시킨 다음, 감정을 가라앉히고 상대방에게 공감을 표한다. 그런 다음 '어떻게?'라는 질문으로 앞으로 취할 행동을 결정한다면 감정적인 충돌 없이 원만하게 상황을 해결할 수 있다.

'이유 묻기'는 나도 오랫동안 실천해온 방법으로 놀라울 만큼 효과를 보았다. 업무상 실수로 사면초가에 몰렸거나 억울하고 부당한 일을 당했을 때, 우리는 감정에 휩쓸려 사태를 악화시키기 쉽다. 문제를 제대로 해결하기 위해서라도 일단 논리 뇌 스위치를 켜서 감정을 가라앉힌 다음 이성적인 판단을 내리도록 하자. 스스로 물음을 던지는 행위는 자신뿐만 아니라 상대의 감정 뇌까지 억제한다는 장점이 있다.

자존심 정의하기: '포미 프라이드'와 '포유 프라이드'

자존심을 과도하게 내세우면 감정에 지배당하기 쉽다. 그 결과, 논리적 사고에 기초한 합리적 판단도 어려워진다. 누군가에게 도움의 손길을 요청하면 되는데 '남에게 의지하는 건 무능하다는 증거'라며 고생길을 자처하다 상황이 꼬여버리기 일쑤다. 자존심이 일상에 오히려 방해물이 되는 것이다.

이런 사람은 자기 의견이 틀리고 상대방 의견이 옳을 때도 '틀렸다고 인정하면 내 가치가 떨어진다'라는 마음에 결단코 잘못을 인정하려 들지 않는다.

이것은 인간이 지닌 '자기방어 기제'와 관련이 깊다.

우리는 신체적으로 위험한 상황에서 스스로 몸을 지키려는 방어본능을 가지고 있다. 눈 가까이 물건이 날아오면 본능적으로 눈을 감아서 눈이 다치는 것을 막는 것처럼 말이다.

마찬가지로 마음에도 심리적으로 위험한 상황에서 자아를 보호하려는 본능이 있는데 이를 자기방어 기제라 한다.

자존심이 무너질 듯한 상황 앞에서 인간은 본능적으로 분노, 증오, 공포 같은 감정을 드러내며 자신을 지키고자 한다. 이때 뇌는 격렬한 감정의 파도에 휩쓸리고 논리적 사고나 합리적 판단이 힘들어진다.

천적에게 공격을 받았을 때 동물은 갈기를 바싹 세우며 포효한다. 자존심에 상처를 입어 분노가 폭발한 것인데 이 또한 자신을 지키기 위한 방어 기제가 작동한 것이다.

자존심을 버리라는 말이 아니다.

당당해지려면 자존심을 가져야 한다. 중요한 건 '자존심을 어디에 두는가'이다. 그것으로 자신의 자존심을 정의할 수 있다.

자존심에 대한 정의를 내릴 때 유효한 기준이 되는 게 있다. 바로 '포미 프라이드(for me pride)'와 '포유 프라이드(for you pride)'다.

'포미 프라이드'는 말 그대로 자신을 위한 자존심이다. 내 자존심에 상처를 받는 만큼 감정이 폭발하기 쉽다. 반면 '포유 프라이드'는 상대를 위한 자존심이다. 설령 상처를 받더라도 타인의 자존심이므로 내 감정이 폭발할 일이 적다.

자신이 취할 행동의 목적어에 '자신'을 놓는지 '상대'를 놓는지에 따라 해석과 반응은 하늘과 땅 차이다.

회사에서 프로젝트를 맡아 '혼자 힘으로 멋지게 성공시켜 보이리라!'하고 의욕을 불태운다고 해보자. 만일 '자신을 위해' 혼자 해내겠다는 각오라면 '포미 프라이드'다. 이때, 자기 자존심에 조금이라도 방해가 될 듯싶으면 감정적으로 반응해버린다. 그렇게 되면, 정작 필요할 때 남에게 도움을 요청하기 어렵고 남이 진심으로 해주는 조언도 귓등으로 흘려듣기 일쑤다. 반면 '포유 프라이드'라면 어떨까? 자신의 프로젝트에 의미를 부여하는 것이다. 고객을 위해 혹은 더 나은 세상을 위해 프로젝트를 완수한다고 마음먹는다면 남에게 부탁하고 조언을 듣는다고 내 자존심이 다치는 일은 없다. 실지로 돈을 목적으로 일하는 사람보다 자신이 하는 일에 의미를 부여하는 사람이 더 나은 성과를 낸다는 연구 결과가 있다.

이제 스스로 물어볼 시간이다. 당신은 어느 쪽에 자존심을 두고 있는가. '포미 프라이드'로 고립을 자처하거나 불필요한 적을 만들고 있지는 않은가.

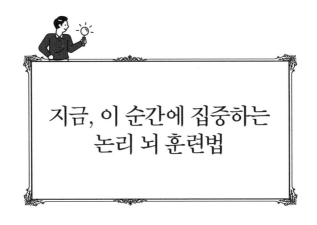

지금, 이 순간에 집중하는
논리 뇌 훈련법

논리 뇌의 스위치를 켜는 방법을 알았다면 이제 논리 뇌 스위치가 저절로 켜지도록 일상에서 꾸준한 훈련이 필요하다. 논리 뇌를 저절로 켜지도록 하는 유용한 훈련법 두 가지를 따라가보자.

'마인드 원더링(mind wandering)' 잡는 명상

명상은 논리 뇌와 감정 뇌의 그릇(뇌의 영역)을 넓혀준다. 뇌의 영역이 넓어지면 감정에 휘둘리지 않고 논리 뇌 기능도 향상시킬 수 있다.

애플 창업자인 스티브 잡스가 살아생전 명상을 꾸준히 실천했다는 사실은 유명하다. 이를 계기로 서양에서 명상 붐이 일기도 했다.

내가 명상하는 방법은 다음과 같다.

① 허리를 쭉 펴고 의자에 앉아 눈을 감는다.
② 천천히 3초 동안 코로 숨을 들이마시고 다시 3초 동안 숨을 내쉰다.
③ 코로 숨을 들이쉬고 내쉴 때 호흡에 최대한 의식을 집중한다.

세 가지 단계를 20분간 주 6회 실시해보라. 하루에 몇 분씩 나누어 20분을 채우기보다 한 번 할 때 20분을 다 채우는 게 효과적이다. 20분이 어렵다면 10분, 5분부터 시작해보기 바란다. 단, 한 번 할 때 오래 지속하는 게 중요하므로 무리하게 여러 번 할 필요는 없다.

명상의 목적은 '의식을 지금, 이 순간에 놓는다'이다.
'마인드 원더링(mind wandering)'이라는 심리학 용어가 있다. 현재 일에 집중하지 못하고 마음이 여기저기를 방황하는 현상을 뜻한다. 한 마디로 '잡생각' 혹은 '딴생각'을 한다는 얘기다.
인간의 뇌는 현재보다 과거의 기억이나 미래의 상상에 매달리는 경향이 강하다. 때문에 많은 사람이 하루 중 절반 이상을 마인드 원더링에 빠져 감정의 지배를 받는다.

과거에 저지른 실패를 이제 와서 되돌릴 순 없다. 아직 일어나지도 않은 일을 지금 걱정한다고 뭐가 달라지나. 그럼에도 지금 이 순간, 너무나 많은 사람이 불안과 고민으로 감정 뇌를 작동시켜 논리 뇌 활동을 억제하고 있다. 언제까지 천금 같은 시간을 낭비할 셈인가.

명상으로 지금 이 순간에 집중해보라. 불필요한 감정 뇌 활동이 눈에 띄게 줄어든다.

데이비드 젤스가 쓴 《명상의 뇌과학(Mindful Work)》을 보면, 하루 27분 명상을 8주간 지속하면 뇌의 구조가 변하고 학습 및 기억, 인지의 핵심이 되는 해마 부분의 회백질 밀도가 증가한다는 연구 결과가 나온다. 이외에도 집중력이나 공감 능력 향상, 스트레스 내성 강화 등의 효과가 입증되었다.

나는 일 년 이상 명상을 실천해왔다. 그 덕에 정신력이 강해지고 한 번에 기억하는 정보량이 늘어났다. 또 이전과 비교해 감정적으로 행동하는 일도 현격히 줄었다.

평소에 쉽게 감정에 휩싸여 일과 인간관계를 그르친다면 명상을 꾸준히 실천해보기 바란다.

선호 이유를 언어로 표현하기

일상에서 '그것 참 좋네'라고 생각했을 때 스스로 왜 그렇게 생각하는지 물어보라. 앞서 자신에게 '왜'라고 질문을 던지면 자연스럽게 논리 뇌 스위치가 켜진다고 했다. 일단 논리 뇌 스위치를 켠 다음, 이유를 언어로 표현해보는 것이다.

영화나 그림, 광고를 보고 멋진 작품이라고 느꼈으면 그 이유를 말로 표현해서 적어둔다. 트위터나 인스타그램에서 근사한 사진이나 글귀를 보았다면 그런 것에 호감이 가는 이유를 생각해서 댓글로 감상평을 남기는 식으로 말이다.

'멋졌다, 좋았다'라는 건 감정 뇌의 활동이 가동된 것이다. 이처럼 일단 감정 뇌 활동을 감지했다면 1차원적인 감상으로 끝내지 말고 '나는 왜 그렇게 느꼈지?'라는 물음을 던져서 논리 뇌 스위치를 켜는 것이다.

이런 과정을 지속하다 보면 감정 뇌가 활동할 때 자연스럽게 논리 뇌 스위치도 켜진다. 억지로 논리 뇌 스위치를 켜려고 노력할 필요가 없다는 얘기다.

자기감정을 분석하는 과정은 상대의 감정을 이해하는 훈련이기도 하다.

지하철에서 흥미로운 광고를 발견했다. 그때 '저 광고 잘 만들었네'하고 지나치는 게 아니라 흥미가 생긴 이유를 탐색하다 보면 언젠가 타인의 마음을 움직여야 하는 상황에서 분명 참고가 된다.

이처럼 느낀 바를 언어로 표현하는 습관을 들이면 마음속에서 감정이 생길 때마다 언어로 표현하는 과정에서 논리 뇌 스위치가 켜진다. 논리 뇌 스위치가 켜지면 그만큼 감정에 지배받는 일이 줄어든다.

감정에 지배받고 감정이 이끄는 대로 행동하기 전에 느낀 바를 무의식 단계에서 언어화하자. 그러면 나쁜 감정 뇌가 작동할 때도 '잠깐, 지금 감정적으로 행동할 상황이 아니다'라고 스스로 제동을 걸 수 있다.

제1장 정리

- 인간의 뇌는 '논리 뇌'와 '감정 뇌'로 나뉘어 양쪽이 균형을 이루며 작동한다.
- 감정 뇌 기능을 억제하고 논리 뇌 영역을 확보해서, 논리적 사고에 근거한 합리적 판단을 내릴 수 있는 뇌 훈련이 필요하다.
- 감정적으로 반응하게 될 상황에서는 스스로 이유를 물어본다.
- 자극에 대한 해석을 바꾸면 감정 뇌 활동이 억제된다.
- '포미 프라이드'보다 '포유 프라이드'를 갖는다.
- 좋아하는 이유를 그때그때 말로 표현한다.
- 명상으로 지금 이 순간에 집중하면 감정에 휘둘리는 일이 적어진다.

똑똑한 관계를 맺는
세 가지 기본 원칙

원치 않는 걸 잘해주니까 만만해진다

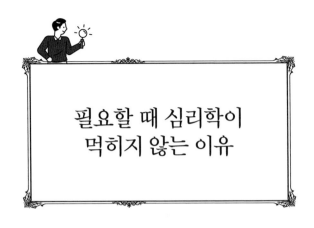

필요할 때 심리학이
먹히지 않는 이유

심리학을 배우면 사람을 다루는 기술을 어느 정도는 익힐 수 있다. 그러나 기술만으로는 100% 효과를 장담할 수 없다.

심리학을 효과적으로 사용하려면 전제조건과 기본 원칙을 알아야 한다. 먼저, 상호 간 신뢰 관계는 필수다.

신뢰 관계가 없다면, 제아무리 난다 긴다 하는 심리 전문가도 승산이 희박하다.

'도어 인 더 페이스 테크닉(door in the face technique)'이라는 게 있다. 일부러 어려운 부탁을 해서 거절당한 다음 쉬운 부탁을 하는 심리술이다. 상대 입장에서는 '첫 번째는 들어주기 힘들지만, 두 번째 정도면 들어줄 만하다'는 마음이 들어 수락할 확률이 높다. 이 방법은 세일즈맨이 고객과 가격을 협상할 때 자주 등장한다. 예컨대 비싼 모델부터 보여준 다음 점차 저렴한 모델로 내려가는 식이다.

누군가의 요청을 거절했을 때 우리는 은연중에 죄책감을 느낀다. 그런 상태에서 상대가 첫 번째보다 상대적으로 쉬워 보이는 부탁을 해온다면? 웬만해서는 거절하기가 쉽지 않으리라. 설령 첫 번째 부탁이 말도 안 되는 무리한 내용이라도 말이다. 게다가 결과적으로는 부탁한 사람이 마치 양보한 것처럼 보이기도 한다. 단지 어려운 부탁보다 쉬운 부탁을 했다는 이유로 말이다.

그런데 둘 사이에 신뢰 관계가 없다면 어떨까? 성공 가능성은 제로에 수렴한다. 이유는 간단하다. 아무리 거절해도 죄책감을 느끼지 않기 때문이다. 결론적으로 상대에게 수락을 받아내기 위한 상황에서 신뢰 관계야말로 성패를 좌우하는 요소이다.

최면술사는 최면을 걸기 전에 반드시 상대와 신뢰 관계를 쌓는다. 그렇지 않으면 최면이 잘 걸리지 않기 때문이다.

신뢰도가 낮은 상태에서 최면을 걸었다 치자. 최면술사가 "눈에 보이는 문을 힘껏 열어젖히세요"라고 요청해도 상대는 망설이거나 거부해버린다. 최면술사에 대한 믿음이 없으므로 무슨 일을 당할지 몰라 불안해진 탓이다.

사람을 다루는 기술도 예외가 아니다. 신뢰도가 낮다면 아무리 탁월한 심리술이라도 상대는 꿈적하지 않는다. 오히려 '저 인간 무슨 꿍꿍이지?'하고 의심의 눈초리를 보낼 공산이 크다.

우리는 '선입견'이라는 필터로 상대의 말과 행동을 해석한다. 상대에게 비호감으로 찍히면 내가 무슨 말을 한들 부정적인 필터로 전달될 테니 결과는 안 봐도 뻔하다.

사람을 다루는 세 가지 기본 원칙

심리학에서 배운 내용을 사용해도 효과가 미비하다면 상대와 신뢰도가 낮거나 기본 원칙을 지키지 않았을 확률이 높다. 심리학에서 배운 기술을 업무 및 인간관계에서 수 차례 시도해 본 끝에 깨달은 사실이 있다. 이른바 '사람을 다루는 세 가지 기본 원칙'인데 여기서 그 내용을 소개하고자 한다.

사람을 다루는 세 가지 기본 원칙

기본 원칙1: 상대의 일관성을 이해한다.

기본 원칙2: 일관성에 기초한 반응을 예측한다.

기본 원칙3: 신뢰+논리+감정'의 조합으로 설득한다.

이 기본 원칙은 사람의 마음을 움직이는 기술의 기본 중 기본으로, 한 가지만 실행해서는 의미가 없다. 먼저 기본 원칙1을 완벽히 이해한 뒤에 나머지 기본 원칙과 조합해서 실행하기 바란다. 한 가지 덧붙이자면, 모든 기본 원칙의 핵심은 '상대를 이해하기'이다.

관계의 기술에서 상대를 이해한다는 것은 기본 전제임에도 이를 망각하는 사람이 너무 많다. 대부분 상대가 어떤 가치관을 가지고 있으며 어떤 상황에서 만족하는지 파악할 겨를도 없이, 덮어놓고 자신이 아는 심리학 법칙을 시도하려 든다.

단언하건대, 상대를 이해할 노력 없이는 심리학을 백날 사용해봤자 시간 낭비에 불과하다. 그 어떤 감언이설로 설득한들 상대는 귀를 기울이지 않을 테니까.

'지피지기 백전백승'이라는 말도 있지 않은가. 상대를 알아야 마음을 움직일 수 있다.

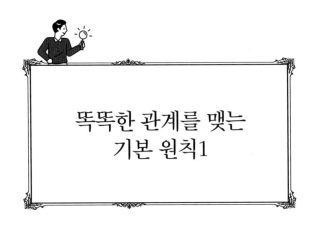

똑똑한 관계를 맺는 기본 원칙1

일관성 이해하기: 상대의 행동원리 찾기

인간은 자신의 말과 행동에 일관성을 지키려는 심리가 있다. 그러므로 우리가 누군가를 설득하고자 할 때 일관성을 지키려는 상대의 심리를 이해해야 한다. 일관성은 다른 말로는 '행동 원리'라고도 하며 상대가 취하는 모든 행위의 근거가 된다.

그렇다면 상대의 일관성은 어떻게 찾을 수 있을까? 여기서 그 도출 과정을 설명해보겠다. 가령 내가 직장에서 어떤 실수를 저질렀다.

'왜 이런 일이 벌어졌을까?'

→'내 부주의 때문이다.'

→'왜 그날 유독 주의력이 떨어졌을까?'

→……

이런 식으로 '왜?'를 반복하면서 근본 원인을 탐색해나간다.

만일 그 원인이 인간관계의 갈등에 있다면 상대의 행동에 포커스를 맞추고 재차 질문을 던진다.

'왜 상대는 그런 행동을 했을까?'

→'내가 탐탁지 않아서?'

→'왜 내가 탐탁지 않을까?'

→……

이처럼 '왜?'를 반복해서 상대가 그런 행동을 취한 이유를 찾아본다. 상대가 그동안 나에게 보인 행동을 곰곰이 추적해보는 과정에서 특정한 일관성이 떠오른다. 중요한 건 사람마다 일관성의 기준이 천차만별이라는 사실이다.

누구나 자신이 가진 일관성에 합리적이다

SNS상에서 비판 댓글을 남기는 사람 중 게시글마다 잣대가 이랬다저랬다 하는 경우가 있다.

어떤 게시글에서는 '말귀를 제대로 알아듣지 못하는 사람은 지능이 낮다'라고 하더니, 다른 게시글에서는 '말이 통하지 않으면 통할 때까지 알려줘야 한다'라는 댓글을 단 사람을 본 적이 있다. 처음에는 '욕구불만을 온라인상에서 풀려는 한심한 키보드 위리어인가' 싶었으나 그 사람이 달았던 댓글들을 하나하나 찾아봤더니 여성이 말하면 옹호하려는 경향이 있음을 알게 되었다.

애당초 이 사람에게 스트레스를 엉뚱한 데서 풀거나 논쟁에 불을 붙인다던가 하는 의도 따윈 없었다. 그저 '여성 편에 선 믿음직스러운 남성'을 연기하려는 자기 일관성을 지켰을 뿐이다.

'여성 입장을 잘 이해한다'며 칭찬받으면 우쭐해하면서 '왜 댓글을 쓰는 기준에 일관성이 없는가'라고 지적하면 불같이 화를 냈던 것도 이 때문이다.

나는 인간이 감정적인 동물이라고 했다. 인간은 기본적으로 그리 합리적이지 않다는 얘기다. 그런데 예외가 있다. 인간은 '자신이 가진 일관성'에 대해서만큼은 놀라울 만큼 합리적이다. 남이 보면 비합리적으로 보이는 행동도 당사자에게 지극히 합리적인 이유가 여기에 있다. 자기만의 일관성 안에서는 너무나 자연스러운 행동인 것이다.

회의에 늘 지각하는 상사가 어쩌다 한번 늦은 부하 직원에게 불같이 화를 냈다. 부하는 기분이 어떨까? '자기야말로 밥 먹듯이 늦게 오는 주제에!'라며 속이 부글부글 끓어오를 것이다.

상사는 왜 화를 냈을까? 어쩌면 지각했다는 사실 자체에 화를 내는 게 아닐지도 모른다. 혹시 '나는 부하에게 존경받는 사람이다'라는 마인드를 가진 사람이라면? 부하가 회의에 늦었다는 사실을 '내가 참석하는 회의보다 중요한 일이 있다'는 의미로 받아들여 자존심이 상한 거라면?

이 경우, "늦어서 죄송합니다"라거나 "앞 회의가 늦어져서……"라고 수습해봤자 허사다. 가뜩이나 자존심이 상한 상사는 '나보다 다른 회의가 더 중요하단 말이지!'라며 더욱 분통을 터트릴지 모른다.

"앞 회의가 좀처럼 끝날 기미가 보이지 않아서 노심초사하다 간신히 빠져나왔습니다"처럼 상사가 참석하는 회의에 늦지 않기 위해 최선을 다했다는 점을 어필한다면 어떨까? 상사는 화를 내기는커녕 내심 뿌듯해할 가능성이 크다.

어쩌면 상사가 회의에 줄곧 지각했던 것도 부하 직원들을 기다리게 만들려는 속셈이었을지도 모른다. 상사의 일관성에 따르면 '모두가 목 빠지게 자신만 기다린다'가 곧 '그만큼 자신이 존경받고 있다'는 흐름으로 이어지는 까닭이다. 이런 부류는 다루기 쉽다. 공개적으로 적당히 추켜세우면 그만이다. 다음부터는 상사가 회의에 또 늦으면 "늘 업무가 많아 바쁘시죠?"라며 은근슬쩍 존경심을 표현해보라. 당신에 대한 상사의 호감도가 높아질 것이다.

상대의 일관성을 이해해라

상대가 지닌 일관성을 이해하면 그로부터 파생되는 발언과 행동을 예측하기 쉽다. '왜 그런 말을 했을까?', '왜 그런 행동을 했을까?'를 반복해서 탐색해나가다 보면 상대의 일관성이 보인다. 일관성을 파악하면 상대가 하는 발언 및 행동이 짐작되면서 내가 어떤 태도를 취해야 할지도 보인다.

상대의 일관성을 이해해라. 그것이야말로 관계를 풀어가는 첫걸음이자 가장 중요한 심리술이다.

하지만 내가 아무리 강연에서 이 점을 강조해도 대다수는 상대를 제대로 이해하려 들지 않는다. 상대의 시점은 안중에도 없이 오로지 자기 시점만으로 상대를 판단하려 든다.

뇌과학 관점에서 보면 이는 지극히 당연한 현상이다. 인간의 뇌는 기본적으로 에너지를 최소한으로만 사용하도록 설정되어 있기 때문이다. 상대의 말과 행동을 분석해서 일관성을 찾아내고 이를 토대로 상대의 입장을 짐작하는 행위에는 상당한 에너지가 필요한데, 뇌가 이 과정을 달가워할 리 없다.

많은 사람이 자신이 가진 일관성을 상대에게도 그대로 대입시켜 판단을 내리곤 한다. 뇌의 활동을 절약하기 위해서다. 그리고 그 판단은 대부분 실패로 돌아간다. 나에겐 당연한 일이 상대에겐 아닌 경우가 너무도 많기 때문이다.

'왜?'로 일관성을 찾아라

'왜?' 질문법은 상대의 일관성을 찾아내는 방법으로 대단히 유용하다. 비단 말이나 행동만이 아니라 머리모양이나 복장, 손목시계, 스마트폰, 말투 등에도 대입할 수 있다.

'왜 그런 머리모양을 했을까?'
'왜 그런 말투를 쓸까?'
 ……

이처럼 상대가 그것을 선택한 이유를 나름대로 따져보라.

여러 가지 사항에 대해 자신이 생각한 가설들을 세운 다음 그중에 공통점을 골라서 일관성을 찾아낸다.

다음은 내가 과거에 세워본 가설들이다.

사례①

머리에 왁스를 바르고 손톱을 손질하고 주름 하나 없는 옷을 입은 남자

→위생 관념이 철저하고 자기관리에 엄격하다. (일관성)

평소 방을 깔끔히 청소하고 자신에게 아낌없이 투자하며 규칙을 잘 지키는 유형이므로 청결함과 근면함을 어필해 공감을 끌어낸다.

사례②

옷과 신발, 가방을 어두운색으로 통일한 사람

→컬러 조합에 민감하다. (일관성)

방 인테리어를 모노톤으로 통일하고 자기 취향이 확고할 가능성이 크다. 대화 중에 그 사람의 취향을 끌어내 공감해주면 신뢰 관계를 쉽게 형성할 수 있다.

사례③

보폭을 넓게 걸으며 화려하게 치장한 여성의 허리를 감고 로고가 잔뜩 달린 값비싼 명품 가방을 든 남자

→소유욕이 강하며 값비싼 물건으로 자존감을 세우려 한다. (일관성)

스스로 자신감이 부족해 허세가 심하다. 주변의 평가에 예민하므로 소유물이나 애인을 칭찬하거나 부러워하면 환심을 얻기 쉽다.

관찰을 통해 세운 가설들에 수많은 경우의 수를 대입해 검증해나가면 일관성의 정확도가 높아진다. 이때 '왜?' 질문법은 큰 도움이 된다. 집요하리만치 '왜?'를 반복하며 파고들어라. 일단 습관이 되면 인간관계 고민들이 상당 부분 해소될 것이다.

조셉 벨은 명탐정 셜록 홈스의 실제 모델이다. 외과 전문의

였던 그는 천재적인 관찰력과 추리력의 소유자였는데, 왕진환자를 관찰하면서 증상은 물론이거니와 성격과 경력까지 맞춰냈다고 한다.

《셜록 홈스》 소설 속 대사 중에 이런 말이 나온다.

'자네는 보기만 할 뿐, 관찰하지는 않는군(You see, but you do not observe).'

조셉 벨이 가진 능력도 집요한 관찰에서 비롯된 것이리라. 상대의 말과 행동에서 나아가 머리모양, 옷차림, 손목시계, 스마트폰, 말투 등 사소한 부분까지도 '왜?'를 반복하면서 일관성을 찾아가보라. 그러다 보면 자연스럽게 사람을 움직이는 기본원칙 2인 '일관성에 기초한 반응을 예측하기'에 도달한다.

똑똑한 관계를 맺는 기본 원칙2

반응 예측하기 : 금전적 보상, 정신적 보상, 무엇을 중시하는가?

'반응을 예측한다'는 다른 말로 '상대의 입장이 되어 생각해 보기'이다.

여기서 말하는 입장이란 상대의 지위나 학력 같은 스펙이 아니다. 상대가 가진 일관성에 기초해서 생각하라는 얘기다.

상대의 스펙에 기초해서 생각한다면 어떻게 될까? '내가 저 사람처럼 ○○직함을 달고 있다면……' 같은 가정을 스스로 해 보는 식이다. 이는 상대의 말이나 행동을 예측하는 데 하등 도움이 안 된다. 상대의 일관성이 아니라 본인의 일관성에 기초해서 상상하는 것이므로.

상대가 '인정욕구'라는 일관성을 갖고 있는데, 본인은 그렇지 않다면? 상대의 말과 행동을 제대로 예측할 수 있을까? 예측은 고사하고 이미 일어난 행동을 이해하기도 어려우리라.

상대의 입장이 되어 생각한다는 건 한 마디로 상대의 일관성을 자기 안에 집어넣고 상대가 되어본다는 얘기다.

상대가 어떤 상황에 부닥쳤을 때 어떻게 생각하고 행동할지를 상대가 가진 일관성에 근거해 예측해보는 것이다.

상대가 가진 일관성을 파악하면 대화를 나누는 도중에도 상대가 정말로 하고 싶은 이야기가 무엇인지 논리적으로 예측해낼 수 있다.

보상을 활용하라

인간은 상대가 자신이 가진 일관성이나 세상에 통용되는 이치에 근거해서 행동해주기를 바란다.

직장에서 자료 복사를 부탁할 때, 당신은 눈앞에 보이는 아무에게나 부탁하는가? 그렇지 않다. '저 사람이라면 거절하지 않고 해주겠지' 싶은 상대에게 부탁한다.

또한 우리는 나름대로 세운 세상에 대한 기준 같은 게 있다. '신입사원은 남들보다 일찍 출근해서 업무 준비를 해야 한다'처럼 말이다.

기대했던 일을 상대가 따르지 않으면 어떻게 될까? 보통은 응당 해야 할 일을 상대가 거부했다는 생각에 감정적으로 돌변해버린다. 하지만 알고 보면 이는 자기책임이다. 애당초 상대의 일관성을 무시한 건 본인이므로.

다음은 남에게 일을 부탁할 때 건네는 말이다.

① "이것 좀 해줄래요?"
② "이것 좀 해주면 저한테 큰 도움이 될 것 같은데요."
③ "아무리 생각해도 ○○씨 말고는 이 일을 해낼 분이 없어요."

이처럼 상대가 가진 일관성에 따라 부탁하는 말을 구분하는 사람이 얼마나 될까?

인정욕구가 강한 사람이라면 그 욕구를 충족시키는 말로 상대를 움직이자. 위의 예에서 보면 ②가 적합하겠다. 인정보다 대가를 바라는 사람이라면 만족할 만한 보상을 내어줘라.

보상은 크게 '금전적 보상'과 '정신적 보상'으로 나뉜다. 이때는 상대가 어떤 타입인지 파악하고 그에 걸맞은 보상을 주면 된다.

금전적 보상과 정신적 보상

언젠가 새 프로젝트의 진행 여부를 고민하는 담당자에게 상담을 받은 적이 있다. 설명을 듣고 보니 꽤 흥미로운 프로젝트였다. 프로젝트에 참가하고 싶어진 나는 머리를 굴리기 시작했다.

'어떻게 하면 저 사람이 프로젝트를 하고 싶어질까……'

그 사람을 관찰한 결과, 보상을 주면 움직이는 타입이었다.

이제는 상대가 금전적 보상과 정신적 보상 중 무엇을 중시하는지 파악하는 일만 남았다.

만일 대화 중에 '보람 있다', '즐겁다', '함께 해보자'처럼 정신적 만족에 관한 말을 자주 한다면 "정말 굉장한 프로젝트인데요?", "분명 재미있을 겁니다", "벌써부터 설레는군요" 같은 말로 정신적 보상을 선사한다.

반면 '매상', '업무량', '가시적인 효과'처럼 눈에 보이는 수치에 관한 말을 자주 한다면 "프로젝트가 성공했을 때 받을 인센티브는 ○○정도 될 것 같습니다", "이번 결과가 인사고과에 반영될 겁니다"처럼 금전적 보상을 주면 된다.

상담을 요청한 담당자는 정신적 보상에 움직이는 타입이었다. 나는 "이거 정말 끝내주는 기획입니다!", "모두 의욕을 활활 불태울 겁니다!"라며 칭찬과 격려를 아끼지 않았고 프로젝트를 진행할 경우 내가 힘을 보태겠다고 강력히 어필했다.

결국 "잘 되겠죠? 눈 딱 감고 해보겠습니다!"라는 오케이 사인을 받아냈다. 만일 내가 그에게 "이거 제법 돈벌이가 되겠는데요?"하고 금전적 보상을 주었다면 어땠을까? '돈 때문에 하겠다는 게 아닌데……'라며 상대는 나에게 상담한 걸 후회했을지도 모른다. 어찌어찌 프로젝트를 진행하게 됐더라도 내가 참여할 가능성은 전무했을 테고 말이다.

상대가 무엇으로 움직이는지를 알면 정서적 반발 없이 내가 원하는 방향으로 상대를 움직일 수 있다.

화를 내거나 집요하게 매달려서 상대가 마지못해 움직이게 하는 건 하수나 하는 짓이다. 우격다짐으로 밀어붙이면 지금은 내 말대로 움직인다 해도 장기적으로는 내 손해다. 상대는 마음속에 나에 대한 반감을 차곡차곡 키워갈 테니까.

상대를 제대로 이해한다면 피차 시간과 감정 낭비 없이 손쉽게 해결된다. 나그네의 외투를 바람으로 벗기겠는가, 태양으로 벗기겠는가? 선택은 당신 몫이다.

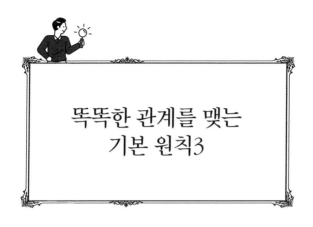

똑똑한 관계를 맺는 기본 원칙3

가장 효과적인 설득법

상대가 특정 행동을 하도록 설득하려면 어떻게 해야 할까? 대부분 그렇게 해야 할 이유를 논리적으로 설명한다. 이 경우 성공률은 얼마나 될까? 면전에서는 알겠다고 말해도 막상 행동으로 옮길 확률은 대단히 낮다.

"저 사람은 늘 말만 번지르르하다니까"라며 미운털이라도 안 박히면 다행이다.

누차 말하지만, 인간을 지배하는 건 논리가 아니라 감정이다. 인공지능이 완벽한 논리로 당신을 설득한다면 당신은 순순히 설득될 것인가?

인공지능과 인간이 선거 연설을 한다면? 장담컨대 인간의 낙승으로 끝날 것이다.

인공지능이 자신을 뽑아야 하는 합리적인 이유를 일목요연하게 설명한들 "뼈를 깎는 노력으로 내가 사랑하는 이 나라를 더 좋은 나라로 만들겠습니다!"라며 절절히 호소하는 인간을 이길 수는 없을 테니까.

인간은 논리와 감정의 조합으로 마음이 움직이고 행동을 취한다. '논리+신뢰 관계' 혹은 '논리+열정'처럼 말이다. 그렇다. 누군가를 움직이려면 논리만으로는 부족하다.

이성과 감정을 설득하려면

'인간의 뇌에는 코끼리와 기수가 있다.'

나는 이 표현을 참 좋아한다. 칩 히스와 댄 히스 형제의 저서 《스위치: 손쉽게 극적인 변화를 끌어내는 행동 설계의 힘》 속에 나오는 글귀다.

코끼리는 '감정'을 상징하고 기수는 '이성'을 상징한다.

기수가 코끼리 등에 올라타서 목적지로 가려 한다. 이때 주도권은 누구에게 있을까? 코끼리에게 있다. 기수가 아무리 능숙한 조련사라도 마찬가지다. 이유는 간단하다. 코끼리 힘이 워낙 세기 때문이다. 다른 방향에 코끼리의 흥미를 끄는 게 있으면 아무리 기수가 힘껏 줄을 끌어도 코끼리는 자기 마음대로 발걸음을 옮긴다.

인간이 내리는 의사 결정도 마찬가지다. 결국엔 감정으로 모든 게 결정된다.

사람을 움직이려면 이성이라는 기수는 기본이고 감정이라는 코끼리를 잘 설득해야 한다.

텔레비전 광고를 보라. 그 어떤 광고모델도 '당신은 이러이러한 이유로 이 제품을 사야 합니다'라고 논리적으로 설명하지 않는다. '누구도 상상하지 못할 쾌감을 느껴보세요!'라며 감정에 호소하거나 오감을 자극하는 데 혈안이 되어 있다.

제아무리 능수능란한 언변과 기막힌 두뇌의 소유자라도 논리로만 설득하면 상대의 마음을 움직이지 못한다. 요컨대 사람을 움직이려면 '논리+α'가 필요하다는 얘기다.

논리와 α(감정)를 조합한 협상법은 무엇일까? 어떤 상황에서도 상대를 설득해내는 효과적인 화법을 기술한 아리스토텔레스의 《변론술》에 그 힌트가 담겨있다. 사람을 설득하기 위해 필수 요소로 '말하는 자의 인품', '듣는 이의 감정', '내용의 논리성'을 들었다.

말하는 자의 인품은 그 무엇보다 강력한 설득력을 지닌다. 앞서 누군가를 설득하려면 상대와 신뢰 관계를 형성하는 것이 전제조건이라고 말한 바 있다. 인품은 어려운 단어가 아니다. 인품은 한 인간이 쌓아온 신뢰의 총합이다. 그래서 인품이 좋다는 말은 다른 말로 믿을 수 있는 사람이라는 뜻이다. 인간은 동일한 내용이라도 어떤 사람에게 듣느냐에 따라 그 내용의 수용 여부가 달라진다. 여기엔 그만한 이유가 있다.

신뢰 관계가 형성되지 않은 사이에서 상대의 이야기를 들을 때 인간은 자신이 가진 가치관이라는 필터로 내용을 해석한다. 아무리 논리적이고 설득력 있는 내용도 누군가의 필터를 거치면 종종 치밀한 논리구조가 무너져버리는 것도 이 때문이다.

'실제론 다른 속셈이 있는 거 아냐?'

'대체 무슨 꿍꿍이지?'

아무리 좋은 말을 해도 상대가 좀처럼 의심의 눈초리를 거두지 않는가? 그건 당신과 상대 사이에 신뢰 관계가 형성되지 않은 탓이다. 하지만 당신과 상대 사이에 호감과 신뢰가 형성되면 필터 없이 무방비상태로 듣게 되므로 당신의 말을 있는 그대로 받아들이게 된다.

신뢰 관계를 쌓기도 전에 "단도직입적으로 말씀드리면……" 하고 다짜고짜 사업 얘기를 꺼내는 세일즈맨은 하수다.

유능한 세일즈맨은 어색한 사이에서 신뢰 관계를 쌓기 위한 사전작업에 공을 들인다. 상대가 하는 말을 경청하거나 상대를 이해하기 위한 가벼운 담소를 나누는 식으로 말이다.

가벼운 담소라고 해서 아무 생각 없이 내뱉는 게 아니라 상대의 반응을 케치하며 이야기의 흐름을 만들어 호감이나 신뢰를 형성한다. 평소 누군가와 대화를 나눌 때 상대의 몸짓이나 손짓에 주목하면 관심사를 파악할 수 있다.

상대가 손을 책상 아래에 두면 현재 나오는 화제에 관심이 적다는 뜻이다. 책상 아래서 펜을 만지작거린다면 100%다. 견딜 수 없는 따분함을 달래기 위한 동작이니까.

우리는 흥미로운 주제 앞에서는 몸이 앞으로 기울어지고 책상 위로 손이 올라간다. 만일 상대가 당신의 이야기를 들으면서 그런 동작을 취한다면 신뢰 관계 구축에 청신호가 켜진 셈이다.

다음은 듣는 이의 감정에 호소하는 것이다. 인간은 그렇다 혹은 아니다를 그때그때 기분으로 결정하는 일이 많다. 이 또한 인간은 감정의 동물이기 때문이다. 논리로는 납득이 되어도 감정으로 납득이 안 되면 무엇이든 그대로 받아들일 수 없다. 그러므로 말하면서 상대의 감정을 건드린다면 설득 가능성이 커진다.

상대의 감정을 움직일 수 있는 가장 효과적인 방법은 상대의 존재감을 부각 시키는 것이다.

"당신을 위해 준비했습니다", "당신만이 판단할 수 있습니다", "당신만이 이 일을 해결할 수 있습니다", "당신의 의견이 꼭 필요합니다" 같은 생각이 바로 사람의 마음을 움직인다.

또 한 가지 간단한 팁은 인간은 짧은 시간동안 많은 정보를 한꺼번에 들으면 이해하기 어렵다는 것이다. 즉, 결론이 많으면 인간은 이해하지 못한다는 것이다. 예컨대 '이것이! 중요합니다', '여기에! 주목해주십시오', '이대로……라면 안 됩니다!'처럼 전하고자 하는 핵심 부분을 하나로 축약해 먼저 강조해서 전달하고 그것을 이야기할 때 목소리에 힘을 주는 것이다. 이렇게 문장 사이에 강조할 부분을 크게 발음하고 여러 번 반복하면 그 내용이 상대의 뇌리에 강하게 박힌다.

인간이 논리보다 감정의 지배를 받는다고 해서 논리는 아무 짝에도 쓸모없다고 생각하면 착각이다. '논리+α'라고 했다. 설득에서 논리는 기본 중의 기본이라는 얘기다. 논리적 대화에서 염두에 두어야 할 두 가지는 상대방은 필요한 이야기만 듣고 싶다는 것이고 아무리 마음이 급해도 논리적 비약을 조심해야 한다. 논리적 비약은 단번에 신뢰를 잃을 수 있다.

원래 말하는 사람과 듣는 사람의 사이에는 의식의 차이가 있다는 점을 염두에 두자. 말하는 사람은 늘 '내가 하고 싶은 이야기를 전달하고 싶다'고 생각하지만, 듣는 사람은 '내가 알고 싶은 정보를 가져왔는지', '그 이야기가 들을만한 가치가 있는지'를 궁금해 한다. 즉 말하는 사람은 자신이 하고 싶은 말을 하기 전에 우선 듣는 사람의 니즈를 파악하는 것이 중요하다. 상대방이 원하는 것을 알려면 '상대방의 이야기를 듣는 것'부터 시작해야 한다. 또한 상대방이 들을 가치가 있는 이야기라는 점을 '서두'에 전달하는 것도 효과적이다. 예를 들어 당신이 알고 싶어 하던 정보를 가져왔다고 서두를 꺼내면 상대방은 당신의 이야기에 집중할 수밖에 없다.

상대를 논리적으로 설득하기 위해서는 먼저 핵심을 요약하고 그 핵심내용의 배경을 설명해 흐름을 이해하게 한다. 그리고 내용의 포인트를 짚어 문제점을 공유한다. 그리고 지금까지의 대화를 바탕으로 내가 하고자 하거나 상대에게 원하는 것을 전달해 상대의 판단을 요구하는 것이다. 하지만 이야기를 하다보면 뭔가 논리적으로 꼬일 때가 있다. 이럴 때 내 이야기가 논리적인지 아닌지를 확인할 방법이 있다.

이야기 앞뒤로 '따라서', '왜냐하면', '그러므로' 같은 접속사를 넣어서 논리적 흐름이 매끄러운지 살펴보라. 흐름이 어색하다면 논리적 비약이 심하다는 증거다.

신뢰 · 감정 · 논리의 3세트

당신이 누군가를 설득해야하는 상황에서 늘 결과가 신통치 않다면, '신뢰 · 감정 · 논리' 중 무엇이 부족했는지 살펴보기 바란다.

'신뢰 관계를 형성하기도 전에 협상에 임한 건 아닐까?'

'상대의 감정에 호소할 무기가 담겨 있는가?'

'상대가 원하는 것을 파악했는가?'

'논리적 흐름에서 지나친 비약은 없었나?'

'말할 때는 1분에 300자 속도로 말하라', '슬라이드 오른쪽에서 말하라', '인사는 35도 각도로 하라' 같은 말은 무시하라. 세세한 부분까지 지나치게 신경 쓰면 뇌가 긴장해서 정작 본게임인 프레젠테이션에서 집중력이 흐트러진다. '신뢰 · 감정 · 논리', 이 세 가지만 기억해도 충분하다.

제2장 정리

- 심리학은 신뢰 관계가 뒷받침되어야 제대로 효과를 발휘한다.
- 상대의 일관성을 이해하는 것은 사람을 움직이는 기술의 첫걸음이자 가장 중요한 심리학이다.
- '왜?' 질문법으로 상대의 일관성을 탐색한다.
- 상대의 일관성을 자신에게 이입해 상대가 되어본다.
- 사람을 움직이는 보상은 '금전적 보상'과 '정신적 보상'으로 나뉜다.
- '논리+감정'의 조합으로 사람을 움직인다.
- '신뢰·감정·논리'는 설득의 필수 요소다.

제3장

인간 마음의
작동 원리

|

사람은 이해받을 때 움직인다

'yes, and 법칙'
|
남을 먼저 이해한 뒤
나를 이해시켜라

내 말을 이해시키고 싶은가? 그렇다면 먼저 상대의 말을 들어라. 이는 프레젠테이션이나 회의뿐 아니라 모든 커뮤니케이션에 해당하는 원칙이다.

상대의 말을 경청할수록 내 말의 설득력도 커진다.

그저 멍하니 듣기만 해선 곤란하다. 그때그때 상대에게 '내가 제대로 이해하고 있음'을 전달해야 한다. 상대의 말이 끝난 뒤에 "그러니까, ○○라는 얘기죠?"라던가 "○○한다는 아이디어는 무척 흥미롭네요"처럼 질문을 던지는 식으로 말이다.

경청한 다음 이해시켜라

스티븐 코비의 베스트셀러 《성공하는 사람들의 7가지 습관》에 소개된 습관 중 하나다.

어떤가. 내가 위에서 설명한 원칙과 일맥상통하지 않는가. 실제로 이 원칙은 심리학적으로 타당성이 입증된 가설이다. 상대의 말을 주의 깊게 경청해서 이해할수록 나에 대한 신뢰도는 높아진다. 설득은 그다음에 하면 된다.

이야기를 막지 마라

'남을 먼저 이해한 뒤 나를 이해시켜라'고 알려줘도 막상 이를 실천하기가 쉽지 않다.

왜일까? 뇌가 이 과정을 귀찮아 하기 때문이다. 우리 뇌는 효율성을 따진다. 불필요한 행위는 최대한 줄이고 최소한의 에너지로 움직이려 한다.

상대의 말을 듣고 이해하면서, 동시에 자신이 할 말을 생각한다……. 시험 삼아 해보라. 뇌가 금세 피로해진다. 그럴 만도 하다. 상대의 말을 들으며 이해하는 행위는 상당한 에너지가 소모되는 '추가 작업'이니까.

만일 뇌가 불필요한 에너지 소모를 꺼린 나머지 '경청'이라는 첫 번째 단계에만 작동하면 어떻게 될까? 상대가 하고자 하는 말을 이해하는 데 급급해 정작 자기가 할 말을 잊어버린다.

반대의 경우는 더 최악이다. 자기 말을 하겠다는 욕심에 상대방의 말을 막으면 역효과만 난다. 상대는 당신에게 이해받지 못했다고 느끼고 마음의 문을 닫아버린다. 그러니 상대방 말을 도중에 막지 마라. 뇌가 과부하에 걸릴 지경이라도.

말하고 싶은 욕구를 꾹 참으며 상대방 말에 귀를 기울이는 것은 상당한 인내심이 필요한 일이다. 충분히 이해한다. 그러나 신뢰 관계를 형성하고 싶다면, 그래서 궁극적으로 그 사람을 설득하고 싶다면, 말을 막아서는 안 된다. 당신이 말을 막을 때마다 상대의 스트레스 지수가 올라간다는 사실을 명심하기 바란다. 설득을 하려는 사람은 바로 당신이라는 사실도.

'yes, but'이 아니라 'yes, and'

유용한 팁을 하나 소개하겠다. 바로 'yes, and 법칙'이다.

상대의 의견을 부정하고 자신의 의견을 관철하고 싶을 때, 곧바로 '그건 틀렸다'고 부정하지 마라. 우선은 긍정한 뒤 내 의견을 낸다. 그러면 상대는 무의식중에 '저 사람이 내 의견을 받아들였으니 나도 그렇게 해야지'라는 마음이 생긴다. 이는 타인이 나에게 호의를 베풀었을 때 그에 상응하는 보답을 하고자 하는 심리 때문이다.

심리학 서적을 읽다 보면 'yes, but 법칙'도 등장하는데 개인적으론 그다지 추천하지 않는다. 아무리 세련되게 이 기술을 구사한다 해도 결국 상대의 의견을 부정하고 거기에 반론하는 꼴이 된다. 상대에게 이해받겠다면서 공격하는 태세를 취하면 어쩌자는 것인가.

하지만 'yes, and 법칙'은 상대의 의견을 받아들이는 모양새를 취하면서 자신의 의견으로 이끌어가는 접근방식이므로 상대의 반감을 살 일이 없다. 다음의 예를 보자.

클라이언트: 이번에 당첨금 3억 엔을 내건 대대적인 캠페인을 해보려고 하는데, 어떨까요?

당신: 오!(yes), 무척 흥미로운 아이디어군요. 그러면(and), 총 예산이 얼마나 들어갈지 일단 검토해보겠습니다.

클라이언트: 아, 그것도 중요하죠.

당신: 네, 연락드리겠습니다.

※상대방 의견을 부정하지 않으니 반발 없이 내 의견을 받아들인다.

"오!(yes), 그러면(and) 총예산이……"

"오!(yes), 하지만(but) 총예산이……"

어느 쪽이 상대의 반응을 긍정적으로 끌어낼까?

두말할 나위 없이 첫 번째다. 상대의 아이디어 자체를 비판하는 게 아니라 그저 추가로 신경 써야 할 부분을 전달할 뿐이니까.

참고로 'and'의 뜻으로는 '그리고', '더 나아가', '혹시 모르니', '내친김에', '만약을 위해서' 등이 있다.

나를 남에게 이해시키고 싶은가? 그러면 먼저 남을 이해하라. 이해를 받으면 상대의 마음에 여유가 생긴다. 당신을 이해하려는 마음의 여유 말이다.

상대방의 말을 경청하면서 이해하고 자신이 하고자 하는 말을 제대로 전달한다면 금상첨화겠으나, 뇌에 무리가 간다면 'yes, and 법칙'을 사용해보라. 설득이 한결 수월해질 것이다.

TODO ☞ 이해시키기 전에 먼저 이해하라.

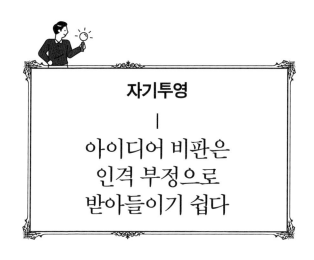

자기투영

|

아이디어 비판은
인격 부정으로
받아들이기 쉽다

회의나 프레젠테이션을 하는 중에 상대 의견이나 아이디어 가 틀렸을 때 단도직입적으로 "그건 아니지"라며 지적하는 사람 이 있다.

결국 자존심에 상처를 입은 상대는 '공개적인 자리에서 무안 을 주다니……' 하며 반감을 품는다. 이런 상황에서 상대가 내 제안에 무덤덤한 반응을 보인다면 차라리 양반이다. 대개는 감 정적으로 격발해 내 말에 사사건건 트집을 잡을 가능성이 높다. 이래서야 상호가 만족하는 의견 합의가 이루어질 리가 없다.

누가 다소 어설픈 의견이나 아이디어를 내면 비웃음을 보내는 사람도 있는데, 소위 머리 좋다는 엘리트 중에 이런 경우가 많다.

우리는 흔히 '내 아이디어=내 인격'이라고 여긴다.

그래서 모처럼 낸 아이디어가 누군가에게 부정당하거나 조롱받으면 인격을 공격받은 기분이 들어 분노를 느낀다.

심리학에서는 이런 현상을 '자기 투영'이라고 한다.

애착이 강한 업무일수록 자기 투영 경향은 강해진다. 누군가 자기 아이디어를 비판하면 인격이 부정당했다고 생각해 당사자는 상대에 대한 신뢰를 거둔다.

당사자가 평소 마음에 여유가 없다면 상황은 더욱 악화된다. 마음에 여유가 없으면 사소한 일도 예민하게 받아들이므로 신뢰를 거두는 데 그치지 않고 앙심을 품게 된다. 이는 차후에 심각한 감정적 폭발로 치달을 수 있다.

인격을 긍정하라

'미움받긴 싫으니 차라리 말을 말자'라고 생각하는 사람이 많다. 직장에서뿐 아니라 가족이나 친구 사이처럼 사적인 관계에서도 마찬가지다.

그러나 살다 보면 피치 못하게 상대의 아이디어를 지적해야 할 상황도 생기기 마련이다.

내가 쓰는 방법을 소개해보려 한다. 일단 아이디어와 인격을 분리한 다음 상대의 인격은 긍정하면서 아이디어만 지적한다.

상대의 인격을 긍정하는 방법은 다음과 같다. 아이디어를 짜 내느라 걸린 시간과 노력에 대해 일단 감사 표현을 전한다.

"야근도 불사하고 열심히 노력하셨군요.", "ㅇㅇ씨답게 깔끔하게 정리해주셨습니다."

그런 다음 "다만, 이 아이디어에 살짝 이해가 안 가는 부분이 있는데요……"식으로 자연스럽게 말을 잇는다.

상대는 비난받는다는 느낌을 받지 않으므로 이쪽의 의견을 거부감 없이 받아들인다.

무엇을 칭찬할지도 고려해야 한다.

상대가 그 일을 하기 위해 희생한(이라고 상대가 생각하는) 부분을 콕 집어서 칭찬해야 한다.

평소에는 야근하지 않는 사람이 늦게까지 회사에 남아 일했다면 "야근까지 하다니 대단해요"라고 말하는 식이다.

이왕 칭찬할 거면 상대가 중시하는 부분을 칭찬해서 효과를 극대화하자는 얘기다.

이 기술은 연애에도 유용하다. 놀이동산만 주구장창 가자는 애인에게 질렸다면? "놀이기구 타는 건 이제 지긋지긋해"라고 돌직구를 날려서 상대를 머쓱하게 만들지 말기 바란다. "즐거운

데이트를 위해 늘 신경써줘서 고마워. 그런데 놀이동산은 지난 번에도 갔으니까 이번에는 다른 곳에 가보지 않을래?"하고 말한 다면 상대도 흔쾌히 수긍하리라.

　　TODO ☞ 감사한 마음을 전한 뒤에 본심을 말하라.

DTR(distrupt-then-reframe) 기법
|
단번에 사람들의
이목을 집중시키는 법

회의나 프레젠테이션에서 사람들의 이목을 집중시키는 방법이다. 처음 말을 꺼낼 때, '대체 무슨 소리를 하는 거지?'라고 주변 사람들이 어리둥절할 만한 이야기를 꺼낸다.

심리학에서는 이를 'DTR(distrupt-then-reframe) 기법'이라고 부른다. 일부러 낯설고 어려운 표현을 써서 상대를 혼란스럽게 만든 다음 설득하는 심리술이다.

DTR 기법을 사용하면, 우리 뇌가 가벼운 패닉 상태에 빠져서 경계심이 낮아지고 논리적 사고가 약해진다. 그 결과 상대의 말에 쉽게 설득된다.

속임수처럼 여길 수도 있겠지만 상대의 흥미를 집중시키는 데 대단히 효과적인 심리술이다.

인간은 이해하기 어려운 상황 앞에서 스트레스를 느끼는 법이다. 일단 뜬금없는 멘트를 미끼로 던져놓고 상대가 영문을 몰라 어리둥절한 반응을 보이면, "사실 그건 말이죠……"하고 슬쩍 운을 뗀다. 그러면 사람들은 스트레스를 해소시켜줄 이야기에 온 신경을 집중하게 된다.

어렸을 적에 마법사 공연을 보러 갔다. 분명 트릭을 썼을 텐데 그게 뭔지 몰라 어찌나 답답하던지……. 그런데 마법사가 "자, 제가 쓴 트릭을 알려주겠습니다!"라고 소리치는 것이 아닌가. 순간 모든 관객들이 쥐 죽은 듯 숨을 죽이고 마법사에게 집중했다.

이처럼 DTR 기법은 우리 실생활에서 빈번하게 사용되고 있다.

DTR 기법 사례
영업실적이 낮은 직원들 격려

나: 이제부터 자존감 업그레이드 작전을 시작하겠습니다!

직원들: ?

나: 무슨 말인고 하니, 영업실적이 나쁘면 자존감도 떨어지지 않나요. 자존감이 떨어지면 영업실적도 더욱 나빠질

테니 일단 자존감을 높이는 조치를 취하자는 말입니다. 당분간은 영업 실적을 '된다·안 된다'가 아니라 달성률로 평가하겠습니다.

콜센터 직원들의 만족도 향상

나: PC 화면에 거울을 붙입시다!

직원들: ?

나: 무슨 말인고 하니, 전화응대를 하다 보면 무례한 상대일 때 얼굴이 경직되는 일이 많지요. 자기감정을 늘 신경 쓰는 건 어렵지만 앞에 거울을 붙이면 그때그때 자신이 어떤 표정을 짓는지 알게 되겠죠. 자신이 어떤 표정으로 일하는지 눈으로 확인하게 되면 스스로 새롭게 각오를 다지는 계기가 될 겁니다.

이처럼 뜬금없는 멘트를 좌중에 던진 다음, 이를 논리적으로 설명하는 것이다.

평소에 사람들이 자기 이야기를 제대로 듣지 않는다고 고민하는 사람에게 이 방법을 추천한다.

단, 한 가지 조건이 있다. 처음에 던지는 말은 두 번째 단계에서 논리적인 흐름으로 상대의 공감을 불러일으킬 주제어야한다. 다짜고짜 뚱딴지같은 말을 던져놓고 수습하지 못한다면 차갑게 식어버린 회의장 분위기는 누가 책임질 건가. 그럴 바에야 차라리 안 하느니만 못하다.

    TODO ☞ 뜬금없는 멘트로 좌중을 집중시킨 다음 논리적 흐름으로 공감을 끌어내라.

외부적 설득, 내부적 설득

프레젠테이션이나 협상을 유리하게 진행하려면 어떻게 해야 할까? 상대가 약속하게 만들면 된다. 내가 원하는 행동을 하겠다고.

빈말이 아니다. 약속은 내가 원하는 바를 이뤄주는 강력한 수단이다. 일단 약속만 하게 만들면, 상대에게는 심리적 부담감이 생긴다. 약속을 지켜야 한다는 부담감 말이다.

애당초, 사람을 설득하는 방법은 크게 두 가지다.
① 외부적 설득
② 내부적 설득

외부적 설득은 상대가 그렇게 행동하도록 시키는 것이다. 이때 상대의 마음은 외부의 자극을 받는다.

내부적 설득은 상대가 스스로 행동하도록 만드는 것이다. 이때 상대의 마음은 내부의 자극을 받는다.

사람들은 일반적으로 외부적 설득을 하는 사람이 많다. 그런데 이 방법은 상대와 신뢰 관계가 굳건하다는 전제 조건이 붙는다.

누군가에게 신뢰를 얻는다는 게 말처럼 쉬운 일은 아니다. 오랫동안 공을 들여야 한다는 얘기다. 노력했다고 상대가 무조건 마음을 여는 것도 아니다. 만일 신뢰를 얻을 시간이 부족하다면 내부적 설득을 시도해보자.

내부적 설득 사례

자신이 말하고자 하는 결론을 상대 입으로 말하게 하자. 상대가 입 밖으로 말하는 순간, 암묵적 약속이 되어 스스로 지켜야 한다는 책임감이 생긴다.

심리학에서는 이를 '약속과 일관성의 법칙'이라고 부른다. 사람은 한번 일정한 입장을 취하면 그것을 일관되게 고수하려는 경향이 있다. 일관성이 무너지면 본능적으로 스트레스를 받는다. 우리가 약속한 말에 책임감을 느끼고 그대로 행동해서 일관성을 지키려고 노력하는 이유다.

실제로 이 법칙은 전쟁 중에 포로들을 세뇌시키는 데도 사용되었다고 한다.

상대가 대답을 강요하면 심리적으로 반감을 갖지만, 자발적으로 말한(듯 보이는) 대답에는 반감을 갖기 어렵다.

유능한 프레젠터나 세일즈맨은 내부적 설득에 뛰어난 능력을 발휘한다.

다음 사례를 보자.

[신뢰]의 약속

나쁜 예: 저를 신용해주십시오.

좋은 예: 저를 신용해주시겠습니까?

※상대의 입에서 "당신을 신용하고 있습니다"라는 말이 나오게끔 만들어라.

[필요]의 약속

나쁜 예: 귀사에는 이 서비스가 필요합니다.

좋은 예: 이 서비스가 귀사에 필요하다고 생각하십니까, 불필요하다고 생각하십니까?

※상대의 입에서 "필요합니다"라는 말이 나오게끔 만들어라. 세일즈맨은 애당초 서비스가 해당 회사에 필요하다고 생각

했으니 제안을 하러 갔으리라. 만일 상대가 필요하다고 말했는데 정작 계약하지 않는다면 앞뒤가 맞지 않는다. 결국 상대는 약속의 일관성을 지키기 위해서라도 계약에 관심을 보일 수밖에 없다.

[불안]의 약속

나쁜 예: 귀사에서 사용 중인 바이러스 대책만으로는 위험합니다.

좋은 예: 귀사가 사용 중인 바이러스 대책에 허점이 생기면, 어떤 사태가 발생할까요?

※ 상대의 입에서 우려할 만한 상황이 나오면, "그런 일이 생기지 않도록 저희도 힘을 보태고 싶습니다"라며 협력자 관계를 어필한다.

상대에게 원하는 행동이 있는가? 그렇다면 해야 할 이유를 전하기보다 행동을 약속하게 만들어라. 말을 하게 만드는 것만으로도 상대는 행동으로 옮길 확률이 높다.

TODO ☞ 상대가 약속하도록 유도하라.

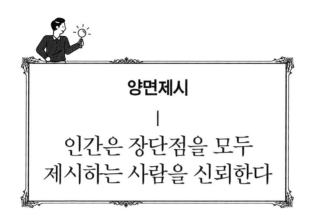

양면제시
|
인간은 장단점을 모두
제시하는 사람을 신뢰한다

말 그대로다. 상대에게 이쪽의 제안을 수용했을 때 생길 장단점을 모두 제시하라.

대다수가 '우리 상품은 타사에 비해 이러이러한 점이 탁월하다'라는 식으로 장점만 잔뜩 어필한다. 단점은 아예 입을 다문다. 자사 제품의 가치가 떨어질까 봐 불안하기 때문이다.

유능한 프레젠터와 세일즈맨은 다르다. "저희 제품을 구입하면, A라는 장점과 B라는 단점이 있습니다"라고 솔직하게 전달한다.

그들은 이미 알고 있다. 상대가 제품을 사용했을 때 언젠가는 단점을 깨닫게 될 것임을. 어차피 알게 될 단점이라면 미리 선수를 치는 게 낫지 않은가.

일단 단점이 보이면, 상대는 그것에만 골몰해 다른 장점 따위 귀에 들어오지도 않는다.

초반부터 단점을 추궁당하면, 기세 좋게 시작한 회의 분위기 장은 찬물을 끼얹은 듯 썰렁해지고 만다. 한마디로 김이 팍 샌다. 제아무리 프로 중에 프로라도 한번 기세가 꺾이면 그 분위기를 반전시키기는 여간 어려운 일이 아니다.

그러니 일찌감치 장단점을 제시하자. 상대가 눈치 채기 전에. 미리 기선을 제압해서 추궁당할 빌미를 주지 말라는 얘기다.

유능한 사람은 대화가 흘러갈 방향을 예측하는 데 능숙하다. 상대가 하고 싶은 말이 무엇이고 자신은 어떻게 대답해야 하는지 초반부에 이미 파악을 끝낸 상태다.

나 역시 협상에 들어가면 상대가 말하고자 하는 바를 예측한 다음 상대가 말을 끝낼 무렵에는 그에 대한 대답을 준비해둔다.

이처럼 능수능란한 논객을 상대로 단점을 숨겨봤자 간파당하는 건 시간문제다. 어차피 밝혀질 바에야 상대가 알아차리기 전에 먼저 제시하는 게 상책이다.

'양면 제시'로 신뢰를 얻는다

장단점을 모두 제시하는 건 '양면 제시'라는 심리술에도 적합하다.

인간은 기본적으로 장점과 단점을 함께 알려주는 사람을 신뢰하는 경향이 있다.

다음의 광고문을 보자.

'맵지만 미치도록 중독되는 맛!'

'비싼 만큼 그 값을 하는 맛!'

어떤가. '과연 그럴까?'하고 다시 한번 돌아보게 되지 않나?

이처럼 단점을 제시하면서 그 단점을 상쇄할 장점을 연달아 제시하면 상품에 대한 신뢰감이 생기고 설득력도 높아진다.

참고로 장단점을 제시하는 순서는 앞의 사례처럼 '단점→장점'이 바람직하다.

장점→단점: 이 책은 질 좋은 정보를 담고 있으나 가격이 비싸다.

단점→장점: 이 책은 가격이 비싸지만 질 좋은 정보를 담고 있다.

책에 대한 호감이 남는 건 어느 쪽일까?

전자는 '비싸다'라는 인상이 남지만, 후자는 '질 좋은 정보'라는 인상이 남는다.

실생활에서는 다음과 같이 사용할 수 있다.

노후자금 마련을 위한 보험을 권유할 때

"솔직히 말씀드리면, 당분간은 매달 꼬박꼬박 보험금을 납입해야 하니 생활에 다소 부담이 될지도 모릅니다. 하지만 국민연금만으로는 노후를 준비하기에 턱없이 부족합니다. 이제는 100세 시대입니다. 90세가 넘어서도 일을 하시겠습니까? 아니면 지금부터 조금씩 절약하며 노후를 대비하시겠습니까?"

이처럼 리스크를 미리 고지해두면 계약을 마치고 적금을 붓기 시작했을 때 "보험금 때문에 생활이 너무 쪼들리잖아. 이럴 줄 알았으면 계약 안 할걸 그랬어"라며 원망을 들을 일은 없다. 단점을 사전에 알려준 덕분에 신뢰도는 높아졌을 테고 말이다.

TODO ☞ 장단점을 모두 제시하라.

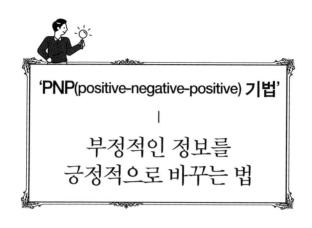

'PNP(positive-negative-positive) 기법'

부정적인 정보를 긍정적으로 바꾸는 법

인간은 본능적으로 자신이 저지른 실수를 최대한 숨기려고 한다. 상대가 알게 되면 곤욕을 치르게 되고 결국 자기 평가가 내려가리라 여기기 때문이다.

여기, 부정적인 정보지만 자신의 평가를 올리는 방법이 있다.

일명 'PNP(positive-negative-positive) 기법'이라고 하는데, 부정적인 정보 앞뒤로 긍정적인 정보들을 집어넣어 전달하는 심리술이다. 두툼한 햄 사이에 야채를 집어넣은 샌드위치처럼 말이다.

누구나 실수는 한다. 그렇다고 실수를 할 때마다 숨길 수는 없는 노릇 아닌가. 어차피 알려야 한다면, 최대한 부정적인 인상을 전달하지 않는 것이 협상을 능숙히 진행하는 요령이다.

PNP 기법을 활용한 사례

상품 견적서에 착오가 있었다고 해보자.

"사실은 견적서에 착오가 있었습니다. 죄송합니다!"

이렇게 말한다면? 정직함과 용기는 높게 산다. 그러나 당사자는 부주의한 직원이라는 부정적인 이미지가 생길 것이다. 그게 세상 이치다.

여기서 PNP 기법을 활용해보자.

긍정적 정보: 어제 A사와 협의한 결과, ○○씨가 대단히 만족했습니다.

부정적 정보: 다만 한 가지, 그때 제출한 견적서 금액에 약간의 착오가 있었습니다.

긍정적 정보: 해당 견적서로 결재가 나기 전에 곧바로 수정하겠습니다.

'착오'가 아니라 '수정'이라는 정보로 마무리하면, 사태를 재빠르게 수습하는 인상을 주므로 부정적인 느낌은 들지 않는다.

참고로 의사인 지인도 환자에게 심각한 진단 결과를 알려줄 때 PNP 기법을 사용한다고 한다.

PNP 기법은 심리학의 '초두효과'와 '친근효과'에 기초한 방법이다.

전자는 먼저 제시한 정보가 나중에 제시한 정보보다 강한 인상을 남기는 심리 현상이며, 후자는 마지막에 제시한 정보가 이전에 제시한 정보보다 강한 인상을 남기는 심리 현상을 뜻한다.

그렇다. PNP 기법은 대조되는 초두효과와 친근효과를 조합한 심리술이다. 요약하자면, 모든 사물은 처음과 마지막이 중요하다는 의미다.

PNP 기법은 곤란한 실수 혹은 정보를 상대에게 매끄럽게 전달하는 데 유용하다. 더불어 감정 뇌에서 논리 뇌로 스위치를 켜서 초조하고 두려운 감정을 줄이고 차분하게 전달할 수 있다는 장점도 있다.

TODO ☞ '긍정적 정보→부정적 정보→긍정적 정보' 순으로 전달하라.

'손실 회피성' 법칙

이익보다 손실을 강조하라

협상에서는 논리와 감정을 모두 사용해야 한다. 감정이라고는 해도 기쁨, 슬픔, 분노, 공포, 불안 등 천차만별인지라 어떤 감정을 이용해야 상대를 설득하는데 효과적인지 파악할 필요가 있다.

당신이 펜을 파는 세일즈맨이라고 해보자.

"이 펜은 필기감이 좋아서 손이 쉽게 피로하지 않습니다. 평소 필기를 자주 하는 분에게 적극 추천합니다."

이는 '물건을 구입함으로써 얻은 가치(만족, 기쁨)'를 호소해서 구매욕을 자극하는 방법으로 긍정적인 감정을 활용한 정공법이라 할 수 있다.

대다수 세일즈맨이 이 방법을 사용한다. 그런데 이보다 더 효과적인 방법이 있다.

바로 '구매하지 않음으로써 잃은 가치(불안, 공포)'를 호소하는 것이다.

얻은 가치와 잃은 가치

'손실 회피성'이라는 말이 있다. 행동경제학에서 사용하는 개념으로 인간은 같은 조건이라면 무언가를 얻어서 생긴 가치(이익)보다 무언가를 잃어서 생긴 가치(손실)를 더 크게 평가한다는 뜻이다.

아래 예를 보자.

A: 90% 확률로 성공해서 살아남는 수술(이익)

B: 10% 확률로 실패해서 사망하는 수술(손실)

A와 B는 같은 수술이다. 그런데 우리는 의사가 A라고 말할 때 안도감을 느낀다. 왜일까? B라고 하면 '죽을지도 모른다'는 '손실'을 크게 받아들인 나머지 체감상 확률 10%가 1.5~2.5배는 더 높게 느껴지기 때문이다.

비즈니스라면 어떨까? 아래 판매 문구를 보자.

A: 새로운 시스템을 도입하면 매상이 10% 증가합니다.(이익)

B: 기존 시스템을 그대로 유지하면 매상이 10% 증가할 기회를 잃습니다.(손실)

A와 B 어느 쪽이 담당자의 흥미를 끌지는 자명하다. 다음은 어떤가.

A: 새로운 이직 사이트에 등록하면 20군데 대기업에서 오퍼가 들어옵니다.

B: 기존에 가입한 이직 사이트를 그대로 유지하면 20군데 대기업에서 오퍼가 들어올 기회를 잃습니다.

A: 새로운 시간 관리 프로그램을 사용하면 24시간을 27시간처럼 쓸 수 있습니다.

B: 기존 시간 관리 프로그램을 그대로 유지하면 매일 3시간을 더 얻을 기회를 잃습니다.

이익을 어필한 A에 대해 상대는 흥미를 보일 수도 있다. 하지만 지금 당장 행동으로 옮겨야 한다는 절박함은 없다. 반면 손실을 어필한 B는 그 행동을 하지 않으면 당장 손해를 본다는 생각에 불안감에 사로잡힌다.

행동해서 생기는 이익보다 행동하지 않아서 생기는 손실을 강조하라. 불안이 가중될수록 상대가 행동으로 옮길 가능성도 커진다.

자존심이 높으면 효과는 더욱 강력하다

흥미롭게도 이 방법은 자존심이 높은 부류에 효과가 좋다. 이들은 손해를 보는 선택 자체를 자존심에 상처가 나는 행위로 간주하기 때문이다.

이쯤에서 구체적인 실전 노하우를 알려주겠다.

① 팔고자 하는 제품 및 서비스를 사용한다고 가정할 때, 고객이 얻을 이익을 문장으로 만든다.

② 제품 및 서비스를 고객이 선택하지 않을 경우(즉, 현재를 유지하는 상황)나 타사 제품 및 서비스를 선택할 경우를 가정해서, ①의 이익만큼 손실이 되도록 ②라는 문장을 만든다.

상대가 특정 행동을 하기를 원한다면, 행동했을 때 생기는 이익보다 행동하지 않을 때 생기는 손실을 알려줘라.

참고로 내 지인 중에 외국계 생명보험사에서 톱클래스 실적을 올리는 설계사가 있다. 우연히 그가 고객에게 보험을 판매하는 모습을 지켜본 적이 있는데, 보험을 계약해야 하는 이유보다 보험을 계약하지 않아서 생길 피해를 어찌나 피부에 와닿게 설명하던지…… '과연 프로다' 싶어 혀를 내둘렀다.

한 가지 덧붙이자면, 이 방법을 쓸 때는 표현이나 말투, 시선 등에 세심한 주의를 기울여야 한다. 아무리 효과가 좋다고 다그치듯 밀어붙이면 자칫 '협박'으로 느껴서 상대의 반감을 살 우려가 있다.

TODO ☞ 고객의 이익보다 손실을 어필하라.

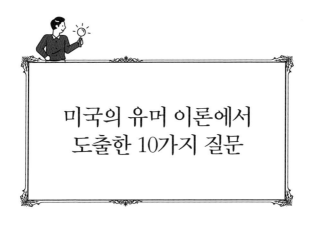

미국의 유머 이론에서
도출한 10가지 질문

유능한 세일즈맨은 '웃음'과 '유머'의 차이를 이해한다.

유머란 무엇일까? 일반인이 보지 못하는 관점으로 세상을 바라보며 독특한 발상과 참신한 아이디어로 상대방의 무릎을 '탁' 치게 만드는 지적인 웃음, 나는 그것이 유머라고 생각한다. 유능한 세일즈맨은 본론에 들어가기에 앞서 세련된 유머 감각을 발휘해 어색한 분위기를 풀고 대화의 물꼬를 튼다.

유머 감각과 영업실적 사이에 연관이 있을까? 실제로 이에 관련한 조사가 이루어진 적이 있다. 가나가와대학 교수 오시마 키미에가 생명보험사 설계사들을 대상으로 한 조사에서, 영업 실적이 좋을수록 유머 감각이 높다는 결과가 나왔다.

아래는 미국의 유머 이론에서 도출한 10가지 질문이다. 각 질문마다 1점(매우 그렇지 않다)에서 5점(매우 그렇다) 사이로 점수를 적어 합계를 내어보기 바란다.

1. 생각이 유연하다. ☐

2. 실패를 두려워하지 않고 도전한다. ☐

3. 창의적인 일을 잘한다. ☐

4. [1+1=?]이라는 질문에 두 개 이상의 답이 나온다. ☐

5. 소속된 부서 직원들과 팀워크가 좋다. ☐

6. 사물에 대한 이해가 빠르다. ☐

7. 건강하다. ☐

8. 결과가 나빠도 심리적 타격이 적다. ☐

9. 재치가 있다. ☐

10. 매사에 긍정적이다. ☐

합계점수가 높을수록 유머 감각도 높다.

위 질문들은 지능을 비롯해 세상을 바라보는 시점, 다른 사람과 어울리는 능력까지 측정하는 조사다. 모든 항목에서 평균 이상의 점수를 기록하는 일은 여간해선 힘들다. 아무리 머리가 좋은 천재라도 말이다.

유머 감각이 있는 사람은 사교적이다

유머 감각 지수를 측정하는 10개 문항을 다시 살펴보자. 대부분 도전정신이나 팀워크, 유연성, 창의력 등에 관한 내용이다. 만일 당신이 친구들과 여행을 가서 새로운 경험을 쌓는다면, 이는 유머 감각을 높일 절호의 기회이기도 하다.

유머러스한 사람의 공통점 중 하나는 사교성이다. 그들은 사람 만나기를 좋아해서 늘 많은 사람과 교류한다.

유머러스한 사람과 함께 있으면 심리적 만족도가 높다는 실험 결과도 있다. 유머 감각이 뛰어나면 주변에 저절로 사람들이 모여든다. 여러 사람과 교류하다 보면 새롭고 다양한 경험과 도전을 하게 된다. 유머 감각이 점점 좋아지는 선순환이 이루어지는 것이다.

유머 감각을 업그레이드하고 싶은가? 친구와 낯선 곳으로 떠나보라. 지인들을 섭외해 스포츠 이벤트를 기획하는 건 어떤가? 새로운 사람을 만나고 다양한 경험을 할 수 있다면 뭐든지 좋다. 이렇게 높아진 유머 감각은 당신을 설득의 달인으로 만들어줄 것이다.

TODO ☞ 새로운 사람을 만나고 새로운 경험을 쌓아라.

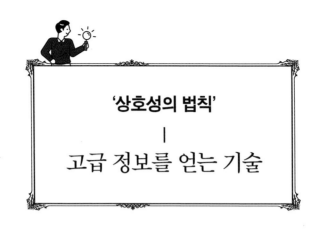

'상호성의 법칙'

ㅣ

고급 정보를 얻는 기술

상대에게 어떤 정보를 얻고 싶을 때, 우리는 '어떻게 얻을까'를 먼저 생각한다.

그런데 프로는 상대에게 '무엇을 줄까'를 먼저 생각한다.

전자는 자기 시점뿐이다. '어떻게 말해야 정보를 얻어낼까'만 골몰한다. 후자는 여기에 더해 '어떻게 해야 상대가 말하고 싶어질까?', '이야기한 걸 상대가 나중에 후회하진 않을까?'라는 상대방 시점까지 고려한다. 두 가지 시점을 종합적으로 판단해서 자신이 원하는 정보를 상대가 스스로 말해줄 상황을 조성한다.

전자와 후자가 취한 태도가 가져오는 결과는 하늘과 땅 차이다.

여기서도 논리와 감정 중에서 감정의 중요성이 드러난다. 상대의 입장이 되어 생각하기, 일명 공감 능력이 필요하다는 얘기다.

　보통은 원하는 정보를 얻기 위해 처음부터 대놓고 물어본다. 여기서 조금 머리를 쓰는 사람은 단계별로 조금씩 질문 강도를 높여가는 이른바 '풋인더 도어 테크닉(foot in the door technique)'을 구사한다. 만일 질문자가 '을'의 입장이라면 이 방법은 그다지 권하고 싶지 않다. 스무고개 하듯 질문 공세를 퍼붓는 모양새가 되어 상대의 스트레스 지수만 높일 뿐이다.

　명심하자. 정보를 말할지 안 할지는 상대방 마음이다. 내키지 않으면 모르쇠로 일관하거나 누구나 알 만한 고만고만한 정보만 알려주면 그만이다.

　정보를 얻는 기술은 상대의 심리를 고려해야 한다. 애당초 상대만 정보를 말하면 공평한 게임이 아니다. 상대가 손해 본다는 느낌 없이 흔쾌히 정보를 알려주게 만들라는 얘기다. 어떻게? 간단하다. 내가 아는 정보를 먼저 알려주면 된다.

　인간은 누군가 자신에게 호의를 베풀면 반드시 보답해야 한다는 심리가 있다. 심리학에서는 이를 '상호성의 법칙'이라고 한다. '먼저 정보를 알려주기'는 상호성의 법칙을 응용한 방법이다.

　이를 부정적으로 뒤집으면 당한 만큼 갚아준다는 뜻이 되겠다. '눈에는 눈, 이에는 이'라는 말처럼.

동양권 국가에서는 '상호성의 법칙'이 상당한 효력을 발휘한다. 아무래도 평소 예의나 체면을 중시하기 때문이 아닐까 싶다.

서양권 국가에서는 '먼저 상대가 원하는 걸 준 다음 내가 원하는 걸 얻는다'는 우회적인 방식이 비효율적으로 느껴질지도 모르겠다. 그러나 인간 심리를 조금만 이해한다면 이것이야말로 대단히 효율적인 방식임을 납득하게 될 것이다.

비밀 정보는 발설하지 마라

한 모임에서 남성이 초면인 여성에게 물었다.

"어디 사세요?"

여성이 흔쾌히 대답할 확률은?

글쎄, 대답 대신 경계의 눈초리를 보내지 않을까?

그렇다면 다음 질문은 어떤가?

"전 ㅇㅇ에 사는데요, ㅇㅇ 씨는 어디 사세요?"

최소한 첫 번째 질문보다는 상대가 대답할 확률이 높을 것이다.

상대에게 얻고 싶은 정보가 있는가? 그렇다면 동급 정보를 먼저 줘라. 상대는 '상호성의 법칙'에 따라 경계심 없이 정보를 알려줄 확률이 높다.

　제공하는 정보 가치가 낮으면 당신도 그저 그런 정보밖에 얻지 못한다. 고급 정보를 원할수록 당신도 고급 정보를 알려주라는 소리다.

　단, '이건 극비 사항인데 당신한테만 몰래 알려드리겠습니다'라는 태도는 금물이다. 상대는 '비밀을 함부로 누설하다니……믿을 만한 인간이 못 되는군'이라며 당신에게 불신감을 품을지도 모른다.

　호감과 신뢰를 얻고자 무책임하게 비밀 정보를 누설하면 상대와 표면적인 관계는 이어질지 몰라도 진정한 신뢰 관계는 쌓을 수 없다. 당장 눈앞의 이익에 급급해 소탐대실의 우를 범하지 않길 바란다.

　이런 연유로, 남에게 들은 정보는 일단 아웃시키자. 오직 내가 스스로 찾아낸 정보 중에 상대에게 얻고자 하는 정보와 동급을 가려내는 노력이 필요하다.

　TODO ☞ 정보를 얻고 싶다면 먼저 정보를 줘라.

'단순접촉 효과'

접촉빈도가 늘어날수록 호감도는 올라간다

미국의 전설적인 자동차 판매왕 조 지라드. 그는 세계에서 자동차를 가장 많이 판매해 기네스북에 오른 그야말로 영업의 신이다.

지라드가 고객을 관리하기 위해 쓴 방법은 종이 우편물이었다. 그는 매월 무려 1만 6000여 명에 이르는 고객에게 우편물을 발송했고 그 비용의 1/4은 사비로 충당했다고 한다.

갑부나 마니아가 아닌 이상, 평범한 사람이 자동차를 구매하는 주기는 상당히 길다. 고객이 자동차를 재구매할 타이밍까지 고려해 꾸준히 관계를 유지해야 한다는 뜻이다. 고객과 연락이 끊기는 것은 자동차를 다시 판매할 기회를 날려버리는 것이나 마찬가지이므로.

'단순접촉 효과'라는 심리술이 있다. 접촉하는 빈도가 늘어날수록 그 대상에게 느끼는 호감도가 올라가는 경향을 말한다.

기업에서 막대한 비용을 지불하면서까지 텔레비전에 자사 제품 광고를 끝없이 내보내는 이유도 여기에 있다.

수십에서 수백만 구독자 수를 보유한 인기 유튜버들이 짧더라도 줄기차게 영상을 업로드하는 것도 마찬가지다. 빈도가 뜸해지면 팬이 떨어져 나가고 광고 수입도 줄어들기 때문이다.

고객과 관계를 유지하는 세 가지 방법

지라드는 자신의 영업 노하우를 알려주는 책 《판매에 불가능은 없다》에서 고객과 관계를 유지하는 방법으로서 다음의 세 가지를 꼽았다. 첫 번째가 가장 효과적이고 갈수록 효과가 내려간다.

① 직접 대면
② 전화 통화
③ 편지나 메일

요즘 같은 IT 시대에 발로 뛰는 영업이 고루하다고 생각할 수도 있다. 하지만 '단순접촉 효과'처럼 직접 얼굴을 마주하는 행위는 심리학에서 효과가 입증된 기술이다.

단, 유념할 점이 있다. 상대에게도 세일즈맨과 만나는 시간이 유익해야 한다. 무작정 만나는 횟수만 늘린다고 다가 아니라는 얘기다.

지라드가 달마다 자동차 선전 문구가 빽빽한 광고 우편물을 보냈다고 생각하는가? 선전 문구는 절반도 안 되고 대부분 계절 인사와 함께 고객의 안부를 묻는 내용이었다. 명절마다 누군가에게 받는 틀에 박힌 안부 문구라고 생각하면 오산이다. 지라드는 상대가 오직 자신만을 위해 정성스럽게 편지를 받았다는 기분을 들도록 공들여 메시지를 적었다고 한다.

나는 당신에게 지라드처럼 매달 수천 통 이상의 우편물을 보내라고 얘기하는 게 아니다. 하지만 주 1회 정도는 메일이나 문자로 유익한 정보를 보낼 수 있지 않을까?

목적은 고객과 관계를 유지한다는 것임을 잊지 말자. 꾸준히 유지하지 못할 바에야 처음부터 시작하지 말라는 뜻이다.

하지만 일단 해보기로 마음먹었다면 사소한 것이라도 좋으니 지속 가능한 방법부터 시작해보자. 그러다 익숙해지면 차츰 레벨을 높여가면 된다.

지라드는 고객과 관계를 유지하는 방법 중 메일의 효과를 가장 낮게 평가했다. 하지만 매월 우편물을 대량으로 발송할 여력이 안 된다면 메일도 나쁘지 않다. 최악은 '아무것도 하지 않는 것'이니까.

고객의 중요도에 따라 방법을 구분해도 좋다. 일반 고객에게는 메일을, 그보다 중요한 수십 명 고객에게는 우편물을, 가장 중요한 소수 고객은 직접 만나는 식으로 말이다. 자기 나름대로 고객과 꾸준히 관계를 유지해나가면서 타이밍을 노리면 반드시 기회가 온다.

TODO ☞ 고객에게 유익한 정보를 정기적으로 발송하라.

제3장 정리

- 상대를 먼저 이해한 다음 나를 이해시킨다.
- 상대의 아이디어를 지적할 때는 긍정적인 이야기부터 한다.
- 뜬금없는 멘트로 주목도를 높인다.
- 원하는 바가 무엇인지 상대 입에서 나오게 만든다.
- 장단점을 모두 제시한다.
- 장점 사이에 단점을 끼워 넣는다.
- 이익보다 손실을 어필한다.
- 새로운 사람과 다양한 경험으로 유머 감각을 업그레이드한다.
- 상대에게 먼저 정보를 제공한다.
- 접촉빈도를 높일수록 호감도는 올라간다.

제4장

상대의 자존감을
높여주는 심리학 법칙

|

높여주면 내편이 된다

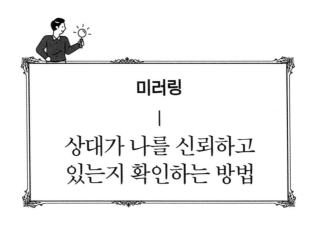

미러링
|
상대가 나를 신뢰하고
있는지 확인하는 방법

　'미러링'은 본래 신경 언어 프로그래밍의 기법 중 하나로, 심리학에서는 상대의 몸짓을 따라해 공감대를 형성한다는 의미로 자주 등장한다. 실제로 어느 심리학 실험에서 미러링을 구사할수록 상호 신뢰도가 높아진다는 결과가 입증된 바 있다.

　그러나 초심자라면 미러링을 그다지 추천하지 않는다. 어설프게 흉내 냈다간 상대가 이를 눈치 챌 가능성이 높기 때문이다. 미러링은 자연스러운 연기가 생명이다. 상대가 조금도 눈치 채지 못할 만큼. 가끔 한눈에 봐도 초보티가 역력한 사람이 미러링을 시도하는 모습을 목격한다. 시종일관 상대를 흘깃거리며 선보이는 어색하기 짝이 없는 연기는 안쓰러움 그 자체다.

제3자 눈에도 뻔히 보이는데 눈앞에 있는 상대는 오죽하랴. 들통나는 건 시간문제일 뿐이다.

상상해보라. 누군가 내 행동 하나하나를 자꾸 따라한다면 기분이 어떻겠는가. 술을 마시면 상대도 마시고, 팔꿈치를 괴면 상대도 괸다면?

내심 '이 사람 뭐야?' 싶을 거다. 만일 당신이 예민한 신경의 소유자라면 '지금 날 놀리나?'라는 생각에 짜증이 솟구칠 수도 있다.

그래서인지 다수 심리학책에서 미러링을 설명할 때 '단, 상대가 눈치 채지 않도록 각별히 주의할 것'이라고 조언한다. 그런데 방법을 구체적으로 알려주는 책은 본 적이 없다. 실력파 배우 뺨칠 만한 연기력을 갖추라는 뜻일까? 그러기에 현대인은 너무 바쁘다.

몸짓 이외의 미러링

미국의 정신과 의사 밀턴 에릭슨은 '최면의 아버지'라 불리는 최면 요법의 대가다.

그는 수많은 환자의 마음을 치료하는 과정에서 미러링 기법을 사용한 것으로 유명하다. 그가 사용한 방식은 일반 심리학책에서 알려주는 '몸짓 따라하기'보다 난이도가 높다.

가령 눈 깜박임이나 호흡 패턴처럼 미세한 근육의 움직임을 따라하는 식이다.

확실히, 상대가 자신도 모르게 취하는 작고 사소한 행동이라면 들통날 확률이 적을 것이다. 하지만 에릭슨처럼 전문가가 아닌 다음에야 일반 사람이 그 정도로 미세한 변화를 감쪽같이 따라하는 건 쉽지 않으리라.

미러링을 시도조차 하지 말라는 얘기가 아니다.

꼭 몸짓만 따라하라는 법은 없다. 말하는 속도, 표정, 자세, 말투 등 얼마든지 다양한 요소들이 있으니 말이다.

이 중에서도 내가 추천하는 방법은 말하는 속도와 표정을 미러링하는 것이다.

'말하는 속도가 곧 생각하는 속도'라는 말이 있다. 상대가 말하는 속도에 맞춰 이야기하면 상대도 내 이야기를 이해하기 쉬워진다. 그 반대도 마찬가지. 서로가 하는 말에 이해도가 높아지면 대화는 순풍에 돛단 듯 술술 풀려나갈 터다.

말하는 속도를 미러링했다면 표정도 더해보자. 표정이 비슷할수록 상대의 기분에 동화되어 공감 지수가 높아진다.

비슷한 표정은 '나는 당신의 말에 공감해요', '난 당신 편이에요'라는 의사 표현이기도 하다. 호흡도 효과적이다. 단, 앞에서 언급했듯이 상대가 호흡할 때 몸의 미세한 움직임이나 말이 끝나는 타이밍을 보고 호흡을 맞추는 건 난이도가 상당히 높다.

최면술사가 될 생각이 없다면 호흡까지 시도하지 않아도 된다. 말하는 속도와 표정만으로도 충분하다.

참고로 몸짓 미러링이 요긴하게 쓰일 때가 있다. 바로 상대가 나를 신뢰하고 있는지 확인할 때다. 신뢰 관계가 있다면 상대는 무의식적으로 내 몸짓을 따라할 확률이 높다. 미러링하는 주체가 뒤바뀐 셈인데, 이쪽은 그저 상대의 모습을 살펴보기만 하면 된다. 신뢰도를 확인했다면 설득 가능성이 커졌으니 자연스럽게 내가 원하는 이야기로 들어가자.

TODO☞ 말하는 속도와 표정을 미러링하라.

대화의 황금비율은 6:4

타인에게 신뢰를 얻는 사람은 대화의 황금비율을 명확히 알고 있다. 설사 배우지 않았더라도 경험을 통해 체득한 황금비율에 따라 대화를 이어나간다.

황금비율은 '6:4'이다. 여기서 6은 내가 이야기하는 비율이고 4는 상대가 이야기하는 비율이다.

이 비율을 준수하면서 대화를 이어나간다면 나에 대한 호감도가 높아져서 상대의 만족감도 높아진다.

대화의 달인은 결코 강한 인상을 남기기 위해 일방적으로 대화를 주도하지도, 상대를 배려해 말을 극도로 아끼지도 않는다.

우리 주변에는 자기 말만 앞세우는 사람이 너무 많다. 남을 설득하는 상황을 비롯해 일상 속 사소한 대화에서도 말이다. 그런 사람은 일단 입을 열면 도통 멈출 기미를 보이지 않는다. 본인이 자기 이야기에 취해버린 탓이다.

실제로 인간이 자기가 하는 이야기에 몰입하는 와중에는 뇌에서 쾌락 물질이 분비된다.

무아지경으로 자기 이야기에 푹 빠진 사람이 남의 말을 들을 정신이 어디 있겠는가.

다음에 그런 상대를 만난다면 '또 시작이네' 하고 스트레스받지 말고 '이 사람은 지금 황홀경에 도취된 상태구나' 하고 너그럽게 바라보면 어떨까? 당신의 정신 건강을 위해서.

대화는 자기 표현이 60%

멘사 회원 중 업무나 인간관계에 능숙한 사람들에게는 공통점이 있다. 바로 '상대가 스스로 깨닫게 만드는 방식'으로 말한다는 것이다.

가령 상대에게 이렇게 물었다고 해보자.

"○○에 대해 어떻게 생각하세요?"

상대가 대답을 들려주면 이렇게 말한다.

"오, 그런 생각도 흥미롭네요. 저는 ○○라고 생각했거든요."

일방적으로 말하지 않고 상대와 주고받는 문답 형식을 취하는 것이다.

정리하면 다음과 같다.

'질문하기→대답 듣기→자기 생각 말하기'

심리학적 관점에서도, 이런 흐름으로 대화를 이끌어가면 상대가 호감을 느낄 확률이 높다.

인간의 호감도에 영향을 미치는 대화 비중을 조사했더니, 본인 이야기를 너무 많이 하거나 혹은 너무 적게 할 경우, 호감도가 모두 낮았다.

최적의 비중은 전체 대화의 60%였다. 말하자면 상대보다 말을 살짝 많이 하는 정도가 이상적이라는 얘기다.

따져보면, '질문하기→대답 듣기→자기 생각 말하기'라면 본인이 말하는 비중이 대략 60%를 넘나드는 수준이다.

자기 머릿속에 이미 정답이 있는 내용을 질문하고 상대의 대답을 기다리는 일은 상당한 인내심이 필요한 일이다. 그렇다고 이야기를 가로막아버리는 실수는 범하지 말기 바란다. 그러면 상대는 아예 입을 다물어버릴 테니까.

《정의란 무엇인가》의 저자이자 하버드대학 교수인 마이클 샌델이 학교에서 강의하는 영상을 본 적이 있는가? 그는 수업 중에 학생에게 질문을 던지고 대답을 들으면 그것을 해석해 자기 생각을 전달한다. 그야말로 '질문하기→대답 듣기→자기 생각 말하기'의 모범 사례라 할 만하다.

호감도를 높이면서 자기 생각을 전달하고 싶다면 대화의 비중을 유념해야 한다. 우선 '질문하기'부터 시작해보자. 상대의 말을 자연스럽게 유도하게 되므로 최소한 일방적인 자기주장에 빠질 위험은 없다.

TODO ☞ 질문하기→대답 듣기→자기 생각 말하기

말의 속도를 높이면
상대는 더 집중한다

내가 멘사 회원임을 밝히면 사람들은 청산유수 달변가의 모습을 떠올린다. '천재는 말이 빠르다'는 세간의 이미지가 영향을 끼쳤으리라.

확실히 멘사 회원 중에는 속사포로 말을 쏟아내는 사람이 많다. 특별히 언변이 좋아서가 아니다. 인간은 기본적으로 사고 속도와 말하는 속도가 비례한다. 때문에 머리 회전이 빠를수록 말하는 속도도 빨라지는 것이다.

하지만 정작 당사자는 말이 빨라졌다는 의식이 없다. 고도의 두뇌 행위에 집중하느라 다른 데 신경 쓸 겨를이 없는 까닭이다.

일단 자기 사고에 빠지면 거침없이 이야기를 이어간다. 설령 상대가 다소 난감한 표정을 짓더라도 말이다.

대부분의 사람은 상대가 잘 이해하도록 천천히 말하는 게 예의라고 생각한다. 정말 천천히 말하는 게 좋은가 하면 꼭 그렇지만도 않다.

DTR 기법에서도 언급했지만, 빠른 어조로 말하면 듣는 이의 '집중 스위치'가 켜진다.

우리는 남의 이야기를 들으면서 머리로는 다음에 전개될 말을 예상한다. 만일 머릿속 사고 속도보다 상대가 말하는 속도가 느리면 어떻게 될까? 한마디로 스텝이 꼬인다. 다음 전개를 예측하는 데 필요한 정보가 바로바로 들어오지 않고 시간차가 생기니 금세 주의가 산만해진다. 결국 상대 이야기를 한 귀로 듣고 한 귀로 흘려버리고 만다.

반면 상대가 말하는 속도가 빠르면 사고 속도보다 정보가 빨리 들어오므로 상대가 하는 말을 놓치지 않기 위해 집중하게 된다.

자신의 말에 사람들이 집중하기를 바란다면 상대의 사고 속도보다 조금 빠르게 이야기하라. 이렇게 말하면 "상대의 사고 속도를 어떻게 아느냐?"는 질문이 온다. 대부분 사고의 속도는 말의 속도와 비례한다. 그러니 상대가 말하는 속도를 보고 판단하면 된다.

빨라도 알아듣기 쉽게 말하라

멘사 회원 중에 프리랜서 컨설턴트로 활약 중인 A는 상당히 말이 빠른 편이다. 하지만 그가 하는 말은 놀라울 만큼 이해하기 쉽다. 말하는 속도는 보통 사람의 두 배 가까이 빠르지만, 쉽고 간결한 언어로 누구나 알기 쉽게 풀어 말하는 덕분이다. 논리 단계도 촘촘한 데다 내용도 구체적이다.

빠른 말이라도 알기 쉽고 명확하게 이야기하니 사람들은 '엄청난 실력자다!'라며 감탄을 금치 못한다. 빠른 어조가 오히려 플러스 요인으로 작용하는 셈이다.

물론 상대도 고충이 없는 건 아니다. 대화는 말을 서로 주고받는 것이라 이야기를 들을 때는 좋지만 반대가 되면 여간 난감한 게 아니다. 자신이 말할 때도 빠른 속도에 맞춰야 하니 말이다.

내 경험상, 유튜브나 텔레비전을 2배속, 3배속으로 시청하면 말하는 속도도 빨라지는 경향이 있다. 문제는 말하는 속도만 빨라지고 사고 속도는 그에 못 미치는 경우다. 평소에 재생속도를 높여서 시청한다면 사고 속도가 말하는 속도보다 상대적으로 느려진 건 아닌지 점검해볼 필요가 있다. 이처럼 빠른 말투는 좌중을 집중시키는 효과가 있다.

당신의 능력을 어필하고 싶은가? 그렇다면 '천재는 말이 빠르다'는 세간의 이미지를 적극적으로 활용해보라. 단, 빨라도 상대가 알아듣기 쉽도록 말해야 한다는 건 잊지 말자.

TODO ☞ 상대보다 살짝 빠른 속도로 말하라.

상대의 자존감을
높여주는 대화법

　정계, 재계, 연예계에서 활약하는 유명인 중에 인복이 많은 사람들은 공통점이 하나 있다.

　바로 상대의 자존감을 높여준다는 것이다. 누구나 인복이 많기를 바란다. 많은 사람에게 호감을 얻으면 인생이 술술 풀릴 가능성이 높으니까. 그래서 사람 좋은 얼굴로 환심을 사고자 노력한다.

　모임에서 만난 상대에게 맞장구를 치며 공감대를 만들고자 하는 것도 이 때문이다. 인간은 본능적으로 비슷한 부분이 많은 사람에게 친밀감을 느끼니 말이다.

　그런데 모두에게 좋은 얼굴을 한다는 건 사람에 따라 말이 자꾸 변한다는 뜻이기도 하다. 생각과 취향이 천차만별인 사람들을 일일이 맞춰주다 보니 그럴 수밖에 없다. 이런 방식은 당장은 효과를 볼지 모르나 결과적으로 상황에 따라 상대를 속이는 셈이므로 깊은 신뢰를 얻기는 힘들다.

당장 눈앞의 일만 바라보다 얄팍한 밑천만 드러나는 것이다.

상대의 자존감을 높여주면 인복은 저절로 따라온다. 이는 심리학적으로도 입증된 내용인데, 인복 많은 사람들 특징을 분석한 조사에서 상대의 자존감을 높여주는 사람은 주변 사람에게 지지와 신뢰를 받는다는 결과가 나왔다.

인복 있는 사람이 대화하는 특징은 다음과 같다.

· 이름을 기억한다.
· 상대가 예전에 한 말을 기억한다.
· 최신 화제에 민감하다.
· 시선을 맞추며 듣는다.
· 상대의 좋은 점(외면이 아니라 내면)을 찾아 칭찬한다.
· '과연, 역시, 흥미롭네'처럼 맞장구를 잘 친다.
· "ㅇㅇ씨, 도움이 필요한데 협력해주시겠습니까?"라고 부탁한다.
· "ㅇㅇ씨의 한 표가 앞으로 정치를 좌우합니다"라고 호소한다.

대인배와 소인배를 가늠하는 기준

상대의 자존감을 높이려면 어떻게 해야 할까? 내가 실천하는 방법을 소개하겠다. 바로 '세 가지 질문하기'이다.

누군가에게 질문을 하면 상대는 어떻게 생각할까?

'저 사람은 나에 대해 궁금한 게 많구나'라며 기분이 좋아지고 자존감도 높아진다. 그런데 질문을 하려면 상대에게 관심이 있어야 한다. 뭘 알아야 질문도 할 게 아닌가. 관심이 있으면 평소 상대를 자주 관찰하게 되고 관찰하다 보면 질문거리도 생긴다.

이처럼 남에게 질문하는 습관을 들이면 사람을 대하는 태도가 달라진다.

상대의 자존감을 높여주는 데 질문하기만큼 쉬운 방법도 없다. 그런데 주변을 보면 질문을 제대로 할 줄 아는 사람이 의외로 드물다.

왜일까? 상대방을 높여주면 자기 가치가 떨어진다고 여기는 탓이다. 이런 사람은 남이 다른 사람을 칭찬하는 꼴도 못 본다.

물론 남을 주목하기보다 남에게 주목받고자 하는 인정욕구는 본능적인 것이다. 그러나 인복 많은 사람은 상대의 자존감을 높여도 아무런 타격을 받지 않는다. 남에게 의지하고 남을 칭찬한다고 해서 자신이 달라지지 않는다는 믿음과 여유가 있기 때문이다.

자기 확신을 가진 대인배라고나 할까?

그러므로 질문을 잘한다는 것은 대인배 기질이 있는지를 가늠하는 잣대이기도 하다. 못해도 괜찮다. 쉬운 것부터 시작하자. 우선 맞장구를 잘 치고 상대방 이름을 기억하는 연습부터 꾸준히 해보자.

TODO ☞ 상대에게 세 가지 질문을 하라.

내집단 효과

천재는 태어났을 때부터 완전무결한 인물이라고 생각하는 사람이 많다. 하지만 천재일수록 자기 약점에 솔직하다. 부끄러운 실패담도 숨기지 않는다.

아인슈타인은 다음과 같은 명언을 남긴 바 있다.

'나약한 태도는 성격도 나약하게 만든다.'

나약한 약점이 드러날까 봐 전전긍긍하다 보면 성격도 소심해진다. 차라리 약점을 대수롭지 않게 여기고 당당하게 마주하자. 강한 사람은 약점이 없는 사람이 아니라 약점을 두려워하지 않는 사람이다.

아인슈타인도 평소 자신의 약점을 솔직하게 드러냈다고 한다.

'약점 드러내기'는 신기한 효과가 있다. 똑똑한 사람이 "사실 저는 ○○에는 영 젬병입니다"라고 고백하면 듣는 사람은 어떤 생각을 할까? '의외로 인간적인 면이 있네……'라며 친근감을 가진다. 이처럼 약점을 남에게 내보이면 상대와 신뢰 관계를 쌓는 데 도움이 된다.

심리학 용어 중 '내집단(內集團)'과 '외집단(外集團)'이라는 용어가 있다. 내집단은 자신이 소속된 집단으로 동질감 및 공동체 의식이 강하다. 반대 개념인 외집단은 자신이 소속되지 않은 집단으로 이질감 및 경쟁의식이 강하다.

인간은 본능적으로 내집단에 속한 사람에게 너그러운 심리가 있다. 내집단의 혜택을 받고 싶다면 약점을 솔직하게 드러내보라.

약점을 드러냈을 때 상대가 '어? 나도 그런데!'라고 공감하면 내집단 효과는 극대화된다. 한 치의 오차 없이 규칙적으로 살아갈 듯한 사람이 "늦잠 자느라 회사에 종종 지각한다"라거나 "어젯밤 배고픔을 참지 못하고 맥도널드 치즈버거를 야식으로 먹어버렸다"라고 털어놓는 장면을 상상해보라. '저 사람도 나처럼 헐렁한 구석이 있구나……'하고 동질감이 생기지 않을까.

약점으로 마음의 벽을 녹여라

'약점 드러내기'는 상사와 부하 사이에 신뢰 관계를 형성하는 데도 유효한 전략이다.

상사와 부하 간에는 눈에 보이지 않는 마음의 벽이 존재하기 마련이다. 깐깐한 완벽주의자인 탓에 주변 사람들이 좀처럼 다가가지 못하는 상사가 있다. 어느 날 그런 상사가 부하에게 다가와 "○○ 부분에서 자꾸 실수를 저지르는데 좀 가르쳐주겠나?"라고 넌지시 부탁한다면? 두 사람 사이를 가로막던 두꺼운 벽이 한결 얇아진다. 물론 업무 능력도 꽝이고 인성도 개차반이라 부하 쪽에서 일부러 멀리하는 상사라면 예외일 테지만.

약점을 보일 때는 보이는 방식도 고민할 필요가 있다.

"아이큐가 높아서 생기는 고충은 없나요?"

내가 가끔 받는 질문이다.

"별로요, 높은 아이큐 덕분에 대부분 일이 손쉽게 해결되거든요."

"많죠, 사소한 일에도 깊게 파고들어서 피곤할 때가 많아요."

두 가지로 대답했을 때 상대가 나에게 느낄 호감도는 어느 쪽이 더 높을까?

후자가 압도적으로 높다. 전자의 경우, 농담식으로 말하지 않으면 십중팔구 밥맛없는 인간으로 찍히고 만다.

춤 실력이 출중해서 운동신경이 좋아 보이는 남성 아이돌이

실은 몸치라고 고백했다면 팬들 반응은 어떨까? 실망은커녕 '반전 매력남'으로 인기가 더 상승할 가능성이 크다.

단순접촉 효과

상대에게 약점을 보일수록 호감도가 높아진다는 건 '단순접촉 효과'라는 심리학 이론과 일맥상통하는 얘기다. 단순접촉 효과가 나타나는 단계를 정리해보면 다음과 같다.

① 모르는 사이에선 냉정하고 무심하다.
② 자주 만날수록 호감이 생긴다.
③ 상대의 인간적인 면모를 알게 되면 호감이 더욱 커진다.

한마디로, 만나는 기회가 늘수록 호감이 높아진다는 얘기다. 사람들이 흔히 하는 '자주 보면 정든다'라는 말을 이론적으로 풀었다고나 할까?

천재의 경우, 바늘로 찔러도 피 한 방울 안 나올 듯 완벽하고 냉정한 이미지가 있다. 하지만 약한 속내를 드러내며 인간적인 면모를 어필하면 상대는 호감을 느낀다.

영화나 드라마 속에 등장하는 슈퍼히어로가 천하무적이 아닌 이유도 여기에 있다. 강한 악당에게 패배해 좌절하고 고통받는 장면이 있어야 관객이 감정을 이입해서 공감하고 응원해주니까.

　악을 멋지게 소탕하는 완전무결한 천재 캐릭터보다 약점을
지닌 채 그럼에도 꿋꿋이 도전하는 평범한 소시민 캐릭터가 매
력적으로 느껴지는 것이다.

　TODO ☞ 스스로 약점을 내보여라.

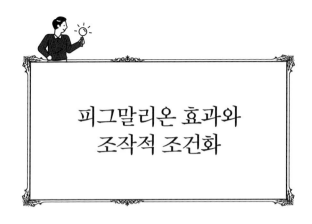

피그말리온 효과와
조작적 조건화

'훈육'이라고 하면, 대다수는 불안 혹은 공포를 이용해 상대의 생각이나 행동을 바꾸는 방법을 생각한다.

업무상 실수를 저지른 부하에게 큰소리로 호통을 치는 상사의 모습처럼 말이다.

확실히 그런 식으로 훈육하면 당장은 효과를 볼지 모르나, 주변의 평가는 점점 내려갈 확률이 높다.

직장에서 공포심으로 아랫사람을 지배하는 상사가 여전히 많다. 이 경우, 부하직원의 자존감이 내려가 갈수록 도전을 꺼리게 된다. 사람은 스트레스가 쌓이면 뇌가 수축하는데, 부하직원들의 스트레스 지수가 높아질수록 뇌에 부정적인 영향을 끼쳐서 업무 능력이 저하될 가능성이 크다.

멘사 회원 중에 B와 C가 있다.

B가 C의 행동을 바꾸기 위해 취한 행동을 보고 나는 감탄을 금치 못했다. 기대와 칭찬을 자연스럽게 일상 대화에 녹여내서 C 스스로 행동을 바꾸도록 유도한 것이다. 의도했는지는 모르겠으나, B는 여러 심리술을 구사하고 있었다.

어느 날, C가 SNS에 B와 C가 소속된 모임에 대해 비난하는 듯한 글을 올렸다. B는 '사정이 있었겠지만, 당신이 악의를 가지고 그랬다고는 생각하지 않습니다. 당신은 이 모임을 존중하고 있다고 믿으니까요.'라고 댓글을 달았다.

보통은 '왜 그런 짓을 하는 겁니까?', '당장 그만두세요!'라는 식으로 날 선 공격을 한다. 그러면 글을 올린 사람은 그런 비난에 방어기제가 작동해 '당신이 뭘 알아!'라고 반격해온다.

만일 여러분이 업무에 대한 불만을 SNS에 올렸다고 치자. 그걸 본 동료가 프로답지 못하다고 한마디 했다면? '당신이라도 내 입장이었으면 올렸을 거야!'라고 받아쳤을지도 모른다.

B는 그러지 않았다. 비난은커녕 강요도 하지 않았다. 최대한 C를 이해하려고 노력하면서 C에 대한 기대를 표현해 마음을 움직이려 했다.

피그말리온 효과와 조작적 조건화

만일 당신이 '업무 불만을 SNS에 올리는 건 프로답지 못한 처사다'가 아니라 '성실하고 인품이 훌륭하니 힘들겠지만, 이 위기를 지혜롭게 헤쳐나가리라 믿는다'라는 말을 들었다면 어땠을까?

여전히 불만은 남겠지만 행동은 달라졌으리라 본다.

'피그말리온 효과'라는 심리학 용어가 있다. 누군가에게 기대하거나 예측하는 바가 그대로 실현되는 경향을 일컫는다. 인간은 주변이 기대하는 모습대로 연기하려는 심리가 있어서 그 기대치를 충족시키기 위해 노력한다는 얘기다. 실제로 주변의 기대와 관심이 높을수록 학생들의 성적이 향상된다는 결과가 실험으로 입증된 바 있다.

B가 취한 행동은 피그말리온 효과와 관련이 있다. 만약 C가 B가 기대한 행동을 취했다면, B는 '역시 그럴 거라 믿었다. 고맙다!'라며 칭찬을 아끼지 않았으리라.

잘못을 고친 것뿐이니 굳이 칭찬할 필요까진 없다고 생각하는가? 올바른 행동을 했으면 칭찬하는 게 당연하다. 그래야 상대가 앞으로도 잘못된 행동을 하지 않는다.

이는 보상이나 처벌을 통해 행동을 조작한다는 심리 이론인 '조작적 조건화'와 연관이 있다. 참고로 보상은 공개적으로 해야 효과가 배가된다. B가 C를 개인적으로 불러 칭찬하지 않고 모두가 보는 SNS에 칭찬 댓글을 달았다면 C는 앞으로도 B가 기대한 모습을 유지할 확률이 높다.

공포나 불안 대신 기대와 칭찬을 활용하면 상대의 변화를 더욱 촉진할 수 있다.

말로는 간단해 보이지만 실제로 해보면 그리 호락호락하지 않다. 상대의 특성을 면밀히 파악해 행동을 예측하고 원하는 변화를 보일 때까지 인내하는 정신력이 필요하기 때문이다.

난이도는 있으나 피그말리온 효과와 조작적 조건화를 제대로 익혀두면 다양한 상황에서 효과를 톡톡히 볼 것이다.

TODO ☞ 기대와 칭찬으로 상대를 움직여라.

결과보다 과정을
칭찬해야 하는
이유를 밝힌 실험

칭찬하는 방식에도 고민이 필요하다. 유능한 상사는 부하가 노력을 지속하도록 만드는 칭찬법을 구사한다.

바로 결과가 아닌 과정을 칭찬하는 것이다.

많은 사람이 결과를 칭찬하지만, 주변 사람을 성장시키는 사람은 과정을 칭찬한다.

결과를 칭찬하는 사례는 다음과 같다.

"인상적인 프레젠테이션이었네!"

"일류대 출신이라 역시 머리가 좋군!"

반면 과정을 칭찬하는 사례는 다음과 같다.

"몇 번이나 프레젠테이션 시뮬레이션을 하며 노력했군. 인상적인 프레젠테이션이었네."

"평소 자기 계발을 열심히 한 모양이군. 과연 일류대 출신이야."

사람들은 왜 과정을 칭찬하지 못할까? 간단하다. 상대가 어떤 과정을 밟았는지 모르기 때문이다. 결과는 칭찬하기 쉽다. 당장 눈앞에 드러난 결과만 보면 되니까.

하지만 여기서 한 걸음 더 칭찬의 본질로 들어가기 바란다. 결과의 토대가 되는 과정까지 고려한다면, 과정과 결과의 상관관계가 보인다.

노력을 지속하는 칭찬법

과정까지 칭찬해야 하는 이유가 뭘까? 과정을 칭찬해주면 노력하려는 의욕을 자극해서 상대가 한 단계 성장하기 때문이다.

어느 실험에서 참가자들을 두 그룹으로 나눈 뒤 아이큐 테스트를 실시했다. 한 그룹은 '넌 머리가 좋구나'라며 결과를 칭찬하고 다른 그룹은 '포기하지 않고 문제를 풀었구나'라며 과정을 칭찬했다. 그랬더니 두 번째 그룹이 난이도 높은 아이큐 테스트에 적극적으로 도전하려는 비율이 높았다.

첫 번째 그룹이 도전을 꺼린 이유는 뭘까? 문제가 어려워 점수가 낮게 나올까 봐 두려워진 것이다. 칭찬의 포인트인 시험 점수, 즉 결과를 재현하는 데 문제의 난이도는 자신이 통제할 수 없는 외부요인이기 때문이다.

하지만 두 번째 그룹은 도전을 꺼릴 이유가 없다. 문제의 난이도가 어떻든 칭찬의 포인트인 '포기하지 않고 문제를 푸는 태도', 즉 과정은 자기가 하기 나름이니까.

아이 교육도 마찬가지다. 아이가 영어능력시험 2급에 합격했다. "해냈구나! 다음은 준1급에 도전해보자!" 하고 칭찬하기보다 "자기 전에 매일 30분씩 꾸준히 공부한 결과구나. 다음에는 준1급에 도전해보자!" 하고 칭찬해서 도전 의식을 북돋아 주는 게 바람직하다.

덧붙이자면, 아이는 칭찬받기를 좋아하지만 날마다 칭찬 세례를 받다 보면 칭찬 자체에 무감각해지고 만다. 칭찬은 필요할 때만 하는 게 좋다.

그리고 칭찬하는 쪽은 아이가 좋은 결과를 낸 과정을 파악하고 논리적으로 인과관계를 설명할 필요가 있다. 과정을 칭찬받으면 아이에게는 도전을 지속해나갈 동기가 생긴다.

인간은 새로운 일에 도전하면서 가능성을 넓혀나간다. 결과만 칭찬받는 데 익숙해진 아이는 새로운 일에 도전하기를 주저하고 결국 성장할 기회를 상실하고 만다. 우리가 칭찬하는 방식에 각별히 주의해야 하는 이유다.

    TODO ☞ 결과에 도달하기까지의 과정을 칭찬하라.

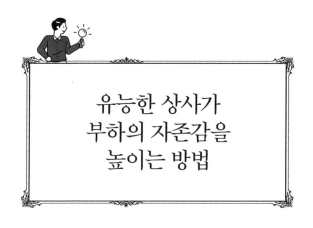

유능한 상사가
부하의 자존감을
높이는 방법

유능한 상사는 부하의 업무뿐만 아니라 자존감도 관리할 줄 안다. 자존감이 낮으면 새로운 일에 도전을 주저한다. 현실에만 안주하면 성장할 의욕을 잃은 채 매너리즘에 빠지는 건 시간문제다. 이래서야 회사 입장에서도 손해다.

자존감을 높이려면 어떻게 해야 할까? 평소에 성공체험을 쌓으면 된다.

유능한 상사는 실패를 원동력 삼아 도전을 거듭해 성공체험을 쌓아온 사람이다. 성공하면 자존감이 높아지고 자존감이 높아지면 도전할 용기가 생긴다. 자존감이 높아지는 선순환이 이루어지는 셈이다.

반면 평범한 사람은 실패할수록 도전을 꺼린다. 도전을 꺼리니 성공할 기회가 줄어들고 자존감도 점점 낮아진다.

부하의 자존감을 높이는 방법

지인 중에 부하의 자존감을 높이는 데 탁월한 능력을 발휘하는 사람이 있다. 비법을 물어보니 과제를 세분화한 다음 그때그때 달성률을 보고하도록 부하에게 지시한다는 답이 돌아왔다.

보통은 업무를 완벽하게 끝까지 달성했는지 여부로 직원을 판단한다. 아무리 신입이라도 초보적인 단순 노동을 맡기진 않을 테니 웬만해서는 합격 점수를 받기가 어렵다. 이런 환경 아래서 직원이 자존감을 올리기는 수월치 않다.

하지만 업무를 세분화하면 어떨까? 단계마다 '해냈다!'는 성공체험을 쌓을 수 있으니 부하는 일을 순조롭게 진행해 나갈 것이다. 높아진 자존감은 덤이다.

이처럼 단계별로 업무를 세분화하면, 설령 업무의 모든 단계를 수행하지 못했다 하더라도 부하의 자존감이 곤두박질칠 일은 없다. 평가가 0점이나 100점으로 극단적으로 갈리는 게 아니니까. 달성 여부가 아니라 달성률로 평가하므로 80점 혹은 90점처럼 현실적인 수치가 나온다는 말이다.

자존감을 높이면 의욕과 성과는 알아서 따라온다. 부하에게 업무를 맡길 때 단계별로 세분화시켜라. 간단하지만 효과는 강력하다.

참고로 그 상사가 요긴하게 사용하는 물건이 바로 포스트잇이다. 업무를 세분화해서 포스트잇에 적은 다음 부하 책상에 붙여 놓고 하나씩 달성할 때마다 한 장씩 떼는 식이다. 그러면 포스트잇을 뗄 적마다 부하는 뿌듯한 성취감을 느낀다.

TODO ☞ 포스트잇으로 직원의 자존감을 관리하라.

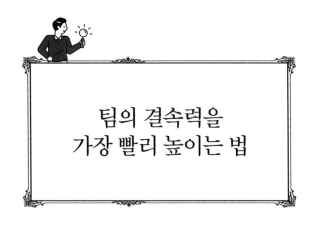

팀의 결속력을
가장 빨리 높이는 법

 심리학을 이용해 업무 생산성을 높이는 방법이 있다.

 직장이나 팀에서 결속력을 높일 때 '공통의 적'은 대단히 유용한 수단이다.

 독불장군식 상사가 공포감을 조장해 부하들을 단속해도 겉으로만 단결한 모습을 보일 뿐 속으론 반발할 확률이 높다. 팀의 리더가 공통의 적이 되어버리는 최악의 상황이 벌어지는 것이다.

 공통의 적은 외부에서 찾아야 한다. 일단 팀원이 느끼는 불만을 찾아라. 그 원인이 되는 상황이나 사람을 적으로 돌리면, 경쟁심과 적대감을 불러일으켜 결속감을 높일 수 있다.

 공통의 적을 상정함으로써 팀원들이 가진 부정적인 에너지를 통합해 긍정적인 방향으로 이끌어가는 것이다.

팀워크를 구축해 공공의 적에 대응하라

나는 영업활동을 하면서 공통의 적을 만드는 기술을 자주 구사했는데 성공률이 꽤 높았다.

흔히 '적'이라고 하면 부정적인 인상을 주기 쉽지만 꼭 그렇진 않다. '영업 창구직원과 최종결정권자 중 누구를 설득해야 하는가?', '현재 불만을 초래한 원인은 무엇인가?'처럼 고객과 한 팀을 이뤄서 공략할 사람이나 상황을 설정하면 고객과 신뢰 관계를 쌓기가 한결 수월하다.

공통의 적은 수십 명 가량 되는 프로젝트팀을 구성할 때도 효력을 발휘한다. 업무상 사내 팀이나 사외 클라이언트, 외주처와 단결력을 강화하고 싶다면 공통의 적을 만들어라.

자사가 개발한 시스템을 대기업에 유치하는 경쟁을 벌인다고 해보자. 팀원의 결속력을 높이고 싶다면 경합 상대의 시스템이 자사 시스템에 비해 부족한 점을 팀원들에게 전달한다.

'자존심을 걸고 이 계약을 따내자!', '고객을 위해서도 우리 시스템이 채택되어야 한다!'

팀원들은 투지를 불사르며 승리를 위해 똘똘 뭉칠 것이다.

혹은 고객에게 특정 상품을 영업하는 상황을 상상해보자. 상사 앞에서는 일단 서비스 요금을 엄격하게 제시한다. 그리고 상사가 자리를 비운 사이, 은밀히 다가가 이렇게 속삭이는 것이다.

"저희 상사가 금액 할인에 깐깐한 분이라 일단은 그렇게 말씀드렸습니다만…… 구매하시겠다면, 제가 최대한 가격을 깎아보겠습니다."

상사를 공통의 적으로 상정해 클라이언트와 한 팀이 되는 것이다. 이러면 고객과 신뢰 관계가 높아져 거래가 성사될 가능성이 크다.

TODO ☞ 경쟁심과 적대심을 단결의 수단으로 활용하라.

- 상대의 몸짓보다 말하는 속도와 표정을 미러링한다.

- 신뢰 관계를 구축하는 대화의 황금비율은 6:4

- 다소 빠른 말투로 상대의 집중도를 높인다.

- 인복이 많은 사람은 상대의 자존감을 높여준다.

- 약점을 숨기지 않고 드러낸다.

- 분노가 아닌 기대로 상대를 움직인다.

- 결과가 아닌 과정을 칭찬한다.

- 달성 여부가 아니라 달성률로 직원을 평가한다.

- 공통의 적을 만들어 성과를 끌어낸다.

제5장

자기효능감을
높이는 심리학 법칙

|

뇌를 알면 변화가 쉽다

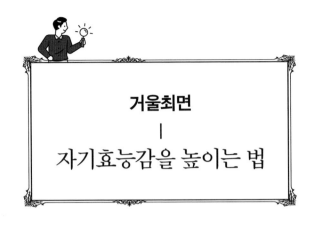

거울최면

자기효능감을 높이는 법

유능한 인재는 '나라면 할 수 있다'는 자신감이 있다. 심리학에서는 이것을 '자기 효능감'이라고 부른다.

나는 해본 적 없는 일이라도 누군가 부탁하면 "한번 해볼게"라고 응하는 편이다.

세상에 불가능한 일은 없다고 생각하기 때문이다. 물론 실패할 가능성도 염두에 두지만.

일이든 취미든 무언가 새로운 일을 시작한 뒤에 중도 포기한 적이 있는가? 있다면 자기효능감이 낮은 건 아닌지 되돌아볼 필요가 있다.

자기효능감이 낮으면 '일요일마다 다음 주 계획을 세운다'는 목표를 세우는 일도 '해본 적이 없는데 잘 할 수 있을까……', '어려울지도 몰라……'라며 주저한다.

반면 자기효능감이 높으면 자신감을 가지고 일사천리로 일을 수행해나간다. 낯설고 어려운 일이라도 머릿속으로 과제를 단계별로 세분화하고 구체적인 실행계획을 세운다.

범 무서운 줄 모르는 하룻강아지 같은 구석이 있다고나 할까? 낯설고 어렵다고 지레 겁먹지 않으니 부정적인 감정에 휘둘리는 일도 없다. 덕분에 논리 뇌를 최대한 활용해 술술 일을 진행해나간다.

'멘사 회원이 된 뒤부터 능력치가 높아졌'고 말하는 사람이 있다. 멘사 테스트에 합격했다고 갑자기 지능이 높아질 리는 없다. 하지만 테스트에 합격했다는 사실로 자기효능감이 높아졌을 가능성은 있다고 본다.

자기효능감을 높이는 법

자기효능감을 높이고 싶은가? 그렇다면 자기 자신과 대화를 해보라.

'거울 최면'이라는 자기최면 요법이 있다.

거울 속 자신을 바라보며 "너는 할 수 있다", "너는 유능하다", "너는 성공한다"라는 식으로 암시를 거는 것이다. 그러면 뇌가 말하는 내용을 실제처럼 받아들여 자기효능감이 높아진다고 한다.

거울 최면은 자기효능감을 높이는 것뿐만 아니라 동기부여에도 효과적이다.

스티브 잡스가 매일 아침, 거울을 바라보며 "오늘도 이 일을 하고 싶은가?"라고 자문했다는 얘기는 유명하다.

TODO ☞ 거울 속 자신에게 "너는 할 수 있어"라고 말하라.

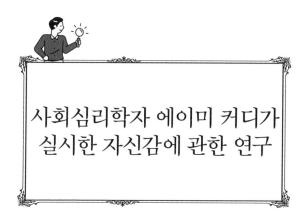

사회심리학자 에이미 커디가 실시한 자신감에 관한 연구

나는 중요한 프레젠테이션이나 방송, 인터뷰, 세미나 등을 앞두고 의식처럼 하는 행동이 있다. 바로 '자신감 있는 포즈 취하기'이다.

거듭 강조하지만, 인간을 움직이는 건 논리보다 감정이다. 발표할 때 '내용의 논리성'만큼 상대에게 확신을 줄 수 있는 '당당한 태도'에 신경을 써야 하는 이유다.

상상해보라. 아무리 논리적으로 완벽해도 말하는 사람이 불안하고 초조해 보인다면 당신은 그가 하는 말을 믿을 수 있는가? 본인은 긴장해서 안절부절못하는 것이라도 듣는 사람은 '저 사람, 본인 얘기에 확신이 없어 보이는데?'하고 의심이 들기 마련이다.

누구나 무대 위에 서면 긴장한다. 제아무리 무대 체질인 발표의 고수라도 말이다.

긴장은 자연스러운 현상이니 걱정하지 말자. 단, 무대에 서기 전에 자신감 있는 포즈를 취해보자. 그것만으로도 기세가 올라가면서 목소리부터 달라진다.

사회심리학자 에이미 커디가 실시한 연구에 의하면, 등을 꼿꼿이 펴고 허리에 손을 얹고 당당히 서 있기만 해도 우리 뇌는 자신을 자신감 넘치는 사람으로 인식한다고 한다. 어떤 자세를 취하느냐에 따라 태도까지 바뀐다는 얘기다.

자신감 있는 포즈와 자신감 없는 포즈

의식적으로 환한 미소를 지으면 저절로 기분이 좋아진다. 반면 등을 구부정하게 굽히거나 고개를 푹 숙이면 괜스레 의기소침해지는 기분이 든다.

중요한 회의나 프레젠테이션을 앞두고 스마트폰은 절대 금물이다. 스마트폰을 할 때 자세를 떠올려보자. 대체로 어깨가 움츠러들고 고개가 꺾인다. 이런 자세야말로 스스로 자신감을 떨어뜨리는 것임을 명심하기 바란다.

전화상 누군가에게 사과할 때는 어떤가. 상대가 노발대발할지도 모른다는 불안과 걱정, 스트레스 탓에 목소리부터 위축되고 만다.

반성하고 있음을 상대에게 전달하는 것도 중요하리라. 하지만 목소리에서부터 저자세가 느껴진다면 듣는 입장에서는 왠지 기분이 개운치 않고 짜증이 난다.

언젠가 금융기관 근무자들을 대상으로 매일 아침 2분간 자신감 있는 포즈를 취하면 업무 집중력과 생산성에 어떤 영향을 주는지 조사한 적이 있다. 그 결과, 3개월간 집중력이 72%에서 92%로 상승했으며 생산성은 64%에서 86%로 높아졌다.

TODO ☞ 중요한 순간일수록 가슴을 활짝 펴라.

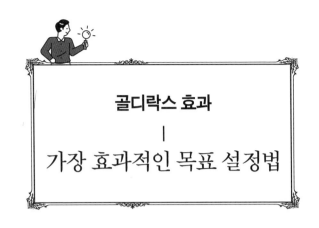

골디락스 효과
|
가장 효과적인 목표 설정법

왜 항상 새로운 계획은 작심삼일로 끝나버릴까?

매달에 1권씩 경영서를 읽던 사람이 '앞으로 매주 1권씩 읽겠다'라고 결심했다.

이런 패턴은 대부분 실패로 끝난다. 목표를 지나치게 높게 설정한 나머지 '이건 너무 어려워. 도저히 성공하지 못할 거야'라는 부정적 심리가 작용해 상황을 회피해버리는 탓이다.

'골디락스 효과'라는 말이 있다. 너무 뜨겁지도, 너무 차갑지도 않은 적당한 상태가 가장 성과를 내기 좋다는 의미다.

인간은 지나치게 쉬운 목표를 세우면 동기부여가 힘들다. 지나치게 어려운 목표도 마찬가지다. 그러므로 동기부여를 유지

하려면 너무 쉽지도, 어렵지도 않은 적정한 목표를 세울 필요가
있다.

현재 능력치의 2배를 목표로 설정하라

그렇다면 적당한 목표치는 어느 정도일까?

바로 '현재 능력치의 2배'다.

심리학자 존 윌리엄 앳킨슨이 동기부여가 가장 높아지는 목
표를 연구한 적이 있다. 그에 따르면, 달성확률이 50%라면, 너
무 쉽지도 너무 어렵지도 않아서 동기부여를 유지하며 목표를
달성할 가능성이 높다는 결과가 나왔다.

평소 매달에 1권씩 책을 읽는 사람이 독서량을 늘리고 싶다
면? 매달 2권씩 읽는다는 목표를 세우는 게 적합하다. 그러면 1
권에서 추가로 한 권을 더 읽는 것이므로 달성확률이 50% 전후
가 된다.

업무에서 월평균 10건 계약을 체결하는 영업사원이라면? 이
번 달은 20건 계약을 체결한다는 목표를 세우면 성공 가능성이
높다.

목표를 15건으로 정하면 달성가능성이 50% 위로 올라간다.
난이도가 너무 낮아지는 셈이다. 결국 당사자는 '이정도야 식은

죽 먹기'라는 생각에 여유를 부리며 할 일을 미룬다.

반대로 목표를 30건으로 정하면 달성 가능성이 50% 아래로 내려간다. 난이도가 너무 높아지는 셈이다. 당사자는 '이건 무리다'라는 생각에 의욕을 상실해서 마찬가지로 할 일을 미룬다.

한 가지 더 첨언하자면, 목표를 일단 세웠으면 주변 사람에게 적극적으로 알려라. 앞서 얘기한 '약속과 일관성의 법칙'이 작동해서 목표를 달성해야 한다는 책임감이 생긴다.

목표를 달성했다면 정기적으로 목표치를 수정해나가자.

목표 달성률이 50% 이상을 꾸준히 유지한다면 스스로 성장했다는 증거이자 이제는 너무 쉬운 목표가 되었다는 뜻이다.

이때부터는 달성한 상황을 기준으로 2배 목표를 세운다.

이것이 성장의 선순환이 되어 몇 개월 후에는 처음에 세운 목표보다 훨씬 높은 목표를 달성하게 된다.

처음부터 과도하게 높은 목표를 세우지 말고 적당한 수준을 설정해서 실천하자. 꾸준히 목표치를 유지한다면 이때부터 조금씩 목표를 높여나가자. 당신의 능력이 순조롭게 향상될 것이다.

TODO ☞ 현재 능력치의 2배를 목표로 세워라.

포모도로 기술

|

뇌가 좋아하는 보상

귀찮거나 어려운 업무를 당장 처리해야 함에도 SNS를 뒤적거리며 꾸물거릴 때가 있다.

그렇게 차일피일 미루다가 결국에는 마감 기한에 쫓겨 완성도 낮은 결과물이 나오곤 한다.

몸 안에 스위치가 내장되어 있어 필요할 때 의욕 스위치를 켤 수 있다면 얼마나 좋을까? 누구나 한 번쯤 이런 생각을 해본 적이 있으리라.

육상 선수는 출발선에 서면 순간적으로 의욕 스위치가 켜진다. 그리고 최상의 기량을 발휘한다. 그렇다면 육상 선수의 의욕 스위치는 타고나는 것일까?

물론 아니다. 그저 몸이 기억할 뿐이다. 지금껏 수백 번 수천 번 출발선에 서서 달리기를 해왔으니까. 파블로프의 개처럼 출발선에 서면 반사적으로 의욕 스위치가 작동하는 것이다.

당장 의욕 스위치를 가지는 건 어렵지만, 해야 할 일을 미루지 않고 바로 시작하는 요령은 있다.

바로 뇌가 좋아하는 보상을 주는 것이다. 업무를 시작하기 전에 '좋아하는 유튜브 채널 시청'이나 '달콤한 디저트'처럼 자신이 기뻐할 만한 보상을 준비하고, 업무를 달성한 후에 스스로 선물을 준다.

상당한 시간이 소요되는 업무라면 단계별로 세분화해서 한 가지 작업이 끝날 때마다 작은 보상을 주는 것도 좋다.

인간이 고도의 집중력을 유지하는 시간은 그리 길지 않다. 최소 25분에서 최대 40분이 한계다. 업무를 세분화한 다음 단시간에 집중력을 발휘해 미션을 완료한다면 꿀맛 같은 보상을 맛볼 수 있으리라.

참고로 자신에게 주는 보상은 '금전적 보상'과 '정신적 보상'이 있다.

'25분간 집중해서 보고서를 작성하면 300엔짜리 디저트를 사 먹는다'는 금전적 보상이다. '문제를 해결해서 상사에게 칭찬받는다'는 정신적 보상이다.

천재는 기본적으로 정신적 보상을 추구하는 경향이 있다. 그들이 어려운 문제에 적극적으로 도전하는 것도 문제를 풀어냈을 때 느끼는 정신적 쾌감 때문이다.

나 또한 금전적 보상보다는 정신적 보상일 때 뇌가 만족감을 느낀다.

'포모도로 기술'을 이용한다

뇌가 기뻐하는 상에 '포모도로 기술'을 조합하면 업무 생산성을 극대화할 수 있다.

포모도로 기술은 25분 집중하고 5분 휴식하는 시간 관리법이다. 이 사이클을 4회 반복한 뒤 15분간 긴 휴식을 취해보라. 이때 뇌가 기뻐하는 상을 자신에게 주는 것이다.

억지로 한 시간을 집중하겠다고 결심해도 뇌의 특성상 무리다. 25분이 지나면 이미 집중력이 바닥난 상태니까. 높은 집중력을 유지하고 싶다면 적당한 휴식을 중간중간 끼워 넣는 게 효과적이다. 이 사이클을 꾸준히 반복해서 몸이 기억하게 만들어라. 그러면 25분 타이머를 누른 순간 의욕 스위치가 번쩍 켜진다. 출발선에 선 육상 선수처럼 말이다.

익숙해지면 '벌써 25분이 지났어?'하고 새삼 놀랄 때가 있다.

시간 가는 줄 모르고 집중했다는 뜻이니 꼭 자신에게 보상을 주도록 하자.

    TODO ☞ 25분 집중하고 5분 휴식하라.

새로운 아이디어를 만드는
디폴트 모드 네트워크

아이디어를 떠올릴 때, 생각이 벽에 가로막혀 진도가 안 나 갈 때가 있다. 이럴 때는 생각을 잠시 멈추고 멍하니 있기를 추 천한다.

2001년, 워싱턴대 의대 뇌과학자 마커스 라이클은 두뇌 활동 을 하지 않을 때 활성화되는 뇌의 특정 부위가 있음을 알아내고 이를 '디폴트 모드 네트워크(default mode network)' 즉 DMN이라고 명명했다.

DMN이 활성화되면 뇌 속 혈류가 증가해서 더욱 많은 산소 가 운반된다.

그러면 포도당 소비가 늘고 뇌의 대사 활동이 활발해지면서 뇌의 각 영역이 활성화된다.

마커스의 연구에 따르면, DMN은 뇌가 활동할 때보다 아무 것도 하지 않을 때 무려 20배 가까운 에너지를 소비한다고 한다. 우리가 멍 때리고 있을 때 뇌는 평소보다 몇 배는 더 열심히 활동한다는 얘기다.

욕조에서 스마트폰 금지

'샤워 효과'라는 말을 들어본 적이 있는가? 샤워하거나 편안히 휴식하는 동안 새로운 아이디어가 불현듯 떠오르는 경우를 말한다.

최근에 방수 스마트폰이나 태블릿이 많아져서 욕조에 몸을 담그고 텔레비전이나 영화를 보는 사람이 많아졌다. 이는 모처럼 좋은 아이디어를 떠올릴 기회를 스스로 날려버리는 격이다. 나는 욕조에 들어갈 때 절대 스마트폰이나 태블릿을 가져가지 않는다. 당신도 욕조에서는 최대한 아무 자극 없이 시간을 보내보라. 벼락처럼 참신한 아이디어가 떠오를지도 모른다.

DMN은 '자기 해석·기억·정보 통합' 등의 기능을 담당한다. 지금까지 획득한 정보를 종합해서 새로운 아이디어를 내는 원천이라는 얘기다.

새로운 아이디어는 백지 상태에서 탄생하지 않는다. 과거의 경험이나 지식의 토대 위에서 탄생하는 것이다. 그 경험과 지식을 조합할 여백의 시간이 필요하다. 따라서 멍 때리기는 새로운 아이디어를 떠올리기 위한 최적의 상태라고 할 수 있다.

만일 생각이 벽에 막혔다면 생각 자체를 멈춰보라. 가만히 그 상태로 있다 보면 뇌가 지금까지 모은 정보를 퍼즐처럼 조합해 새로운 아이디어의 씨앗을 선사할지도 모른다.

TODO ☞ 멍 때리는 시간을 만들어라.

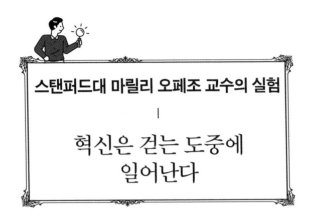

스탠퍼드대 마릴리 오페조 교수의 실험

혁신은 걷는 도중에
일어난다

혁신적인 아이디어를 내고 싶을 때 당신은 어떤 행동을 하는가?

나는 혼자 걷는다.

생각을 비우기 위해서가 아니라 생각을 채우기 위해서다.

자기 자리에 가만히 앉아서 생각에 몰두하다 보면 '그러다 잘 안되면 어떻게 하지?', '혹시라도 곤란한 상황이 생기면······' 처럼 온갖 부정적인 상상이 머릿속을 채운다.

내 경험상, 좁은 공간에서 가만히 앉은 채로 생각하면 사고도 비좁은 틀에 갇혀버리곤 했다. 그럴 때 탁 트인 공간으로 나가서 걷다 보면 뇌가 재충전되어 사고의 폭이 넓어진다.

적당한 게으름은 특유의 과도한 성실함을 줄여준다. 답답한 사무실을 벗어나 잠깐 바람을 쐬어보라. 누가 아는가. 생각지도 못한 아이디어가 샘솟을지 말이다.

산책광 스티브 잡스

예전에 '일어서서 회의하면 생산성이 높아진다'며 직장마다 스탠딩 회의가 유행한 적이 있다. 실제로 서서 근무하거나 회의하는 방식은 창의적인 아이디어를 내는 데 효과적이다.

수십 명 인원이 함께 걸으며 회의하는 일은 현실적으로 어렵겠지만, 두세 명 정도라면 얼마든지 가능하다.

미국 스탠퍼드대학 교수 마릴리 오페조가 실시한 실험에서, 앉아있을 때보다 걷는 동안 창의적인 발상이 잘 떠오른다는 사실이 밝혀졌다. 오페조는 실험참가자들에게 다음과 같은 문제를 냈다.

'일상품을 기존과 다른 용도로 사용할 방법을 생각나는 대로 적으시오.'

주어진 시간은 총 4분. 오페조는 실험 참가자들을 둘로 나뉘어 한 집단은 앉아서 풀게 하고 다른 집단은 걸으면서 풀게 했다. 그랬더니 앉아서 푼 그룹은 평균 20개 답을 적었고, 걸으면서 푼 그룹은 앞 그룹보다 2배가 넘는 답을 적어냈다.

이번에는 앉아서 푼 그룹을 걸으면서 풀게 했더니 답변이 2배 가까이 늘었다.

더욱이 실내에서 러닝머신 위를 걷게 해도 실외에서 걷는 것과 동일한 효과가 나왔다고 한다.

잡스는 일명 '산책회의'를 발명했을 만큼 걸으며 아이디어를 구상하거나 직원과 회의를 한 것으로 유명하다.

르네상스 화가 라파엘로의 대표작 〈아테나 학당〉에는 플라톤과 아리스토텔레스가 걸으며 토론하는 모습이 담겨 있다. 역사 속 위대한 천재로 칭송받는 인물도 걸으며 사유하기를 즐긴 모양이다. 실제로 아리스토텔레스는 걸으며 골똘히 생각에 잠기는 일이 많았다고 한다.

보수적이고 위계질서가 뚜렷한 회사일수록 걸으면서 회의하는 방식을 도입하자고 하면 난색을 보일지도 모른다. 처음은 부담 없이 시작해보자. 동료들끼리 근처 카페나 편의점에 커피를 사러 가면서 함께 산책하는 식으로 말이다.

TODO ☞ 생각이 벽에 가로막혔다면 걸으면서 생각하라.

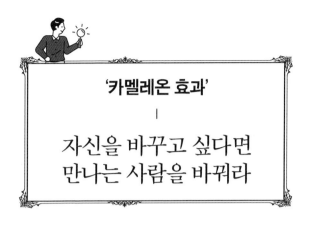

'카멜레온 효과'
|
자신을 바꾸고 싶다면
만나는 사람을 바꿔라

당신 주변에는 존경하는 선배나 좋은 동료 등 긍정적인 자극을 주는 사람들이 있는가?

의욕이란 눈을 씻어도 찾아볼 수 없고 열등감만 가득 차서 남을 깎아내리는 데 혈안인 사람들에게 둘러싸여 있다면, 안타깝게도 당신의 가치관과 언행은 무의식중에 그들의 영향을 받는다.

'가랑비에 옷 젖는 줄 모른다'는 말이 있다. 주변 사람은 가랑비와 같은 존재다. 조금씩이지만 서서히 그리고 확실하게 당신의 성격과 행동에 스며든다.

그러다 문득 정신을 차리고 보면 자신이 그토록 싫어하던 사람과 같은 부류가 되어있음을 깨닫곤 한다.

'삶은 개구리의 법칙'이 주는 교훈

경영서를 즐겨 읽는 사람이라면 '삶은 개구리의 법칙'이라는 말을 한 번쯤은 들어봤으리라.

찬물에 개구리를 넣고 서서히 물을 끓인다. 유유자적 헤엄치던 개구리는 온도가 조금씩 올라가도 알아채지 못하고 그만 죽어버린다. 처음부터 뜨거운 물에 들어갔다면 위험성을 느끼고 뛰쳐나갔을 테지만 서서히 물이 끓는 환경에서는 변화에 둔감해진 것이다. 나는 이 법칙에 두 가지 교훈이 있다고 생각한다.

개구리에게는 위험 신호를 알아챌 두 번의 기회가 있었다.

첫 번째 위험신호

[환경의 변화] 수온(환경)이 점점 올라가면 피부로 변화(위험성)를 감지한다.

두 번째 위험신호

[육체의 변화] 수온이 점점 올라가면 체온도 덩달아 올라가 현기증이 나고 몸이 축 늘어진다.

사람들은 첫 번째 위험신호에 관해서만 얘기한다. 하지만 두 번째 위험신호도 곰곰이 되새겨볼 필요가 있다.

① 환경의 변화에 민감해질 필요가 있다.

② 자신의 변화에 민감해질 필요가 있다.

인간은 자신이 놓인 환경에 본능적으로 적응하는 법이다.

수온이 상승하면서 물속 개구리의 체온도 상승한다. 그러다 마지막 순간에 몸이 버텨내지 못하고 숨이 끊어진다.

수온의 변화를 피부로 느끼면 육체적인 변화도 생긴다. 달라진 환경에 적응하기 위해 몸이 반응하는 것이다. 처음엔 몸의 변화가 불편하겠지만 변화의 속도가 더딘 탓에 이내 적응하게 된다. 그렇게 조금씩 죽음과 가까워지는 것이다.

만일 당신이 부정적인 에너지를 내뿜는 사람들과 함께 일하고 있다면, 서서히 끓는 물에 들어간 개구리와 같은 상황이라고 할 수 있다. 조금씩 당신에게 부정적인 에너지가 침투하지만 정작 당신은 눈치 채지 못한다.

조금씩 스며들던 에너지는 결국 당신을 통째로 삼켜버리고 만다. 뜨거워진 체온을 감당하지 못하고 죽어버린 개구리처럼. 당신의 인격 자체가 바뀌고 마는 것이다.

적응은 인간의 본능

'카멜레온 효과'라는 말이 있다. 인간이 무의식적으로 눈앞에 있는 사람의 말투나 몸짓을 따라하려는 특성을 가리킨다.

이는 인간이 원만한 인간관계를 이루기 위해 본능적으로 가진 능력이다.

타인의 말투나 몸짓을 지속해서 보고 듣고 따라하다 보면 이내 자신의 인격에도 영향을 받게 된다. 투명한 물이 담긴 거대한 통에 물감 섞은 물을 한 방울씩 천천히 떨어트리면 결국 투명한 물색이 탁하게 변해버리듯이 말이다.

부정적인 사람들에게 둘러싸여 있으면 그들의 말투나 행동이 전염되어 자신 또한 그들처럼 변하고 만다.

특히 동양인은 참는 걸 미덕으로 삼는 문화 탓에, 힘들어도 묵묵히 버티다 보니 사태가 더욱 악화되곤 한다.

부정적인 환경에 놓여있는가? 당장 그곳을 벗어나라. 부정적인 손길이 당신을 잡아 삼키기 전에. 상황이 여의치 않다면 긍정적인 사람들과 교류하면서 자신을 지켜내라.

자신을 바꾸고 싶다면 만나는 사람을 바꾸는 게 정답이다. 나쁜 영향을 끼치는 사람은 최대한 차단하고 좋은 영향을 끼치는 사람과 교류하라.

물론 인망 깊고 성공한 사람을 만나려면 돈과 시간이 든다. 하지만 자신을 나쁜 영향력에서 지키기 위한 투자라고 생각한다면 아깝지 않을 것이다.

부정적인 환경에 놓여있다면, '자신의 중심을 단단히 잡아주는 사람'을 사귀어 두기 바란다.

인간은 비교 대상이 없으면, 자신이 나쁜 길로 물들어 가는지 제대로 가늠하기 어렵다. 신뢰하는 멘토나 자신을 잘 이해해 주는 친구, 하다못해 존경하는 사람의 생을 다룬 책이나 영화도 좋다.

위태로운 상황에서 중심을 단단히 잡아줄 존재를 정기적으로 만나자. 내 안에 탁한 물이 퍼지면 그들을 만나 맑은 물을 보충하자. 자신의 고유한 색을 되찾을 수 있도록.

TODO ☞ 자신의 내면을 지켜줄 사람과 교류하라.

제5장 정리

- 거울을 보며 "나는 할 수 있다"라고 말한다.

- 자신감 있는 포즈는 우리 뇌를 속여 긴장을 풀게 한다.

- 최적의 목표는 '현재 능력치의 2배'

- 단시간 집중하고 뇌가 기뻐할 보상을 준다.

- 아무것도 생각하지 않을 때 아이디어가 샘솟는다.

- 좋은 아이디어는 걷는 중에 떠오른다.

- 자신을 바꾸고 싶다면 만나는 사람을 바꿔라.